Wolfgang W. Müller (Hg.)

Kirche und Kirchengemeinschaft

TVZ

Wolfgang W. Müller (Hg.)

Kirche und Kirchengemeinschaft

Die Katholizität der Altkatholiken (Christkatholiken)

EDITION NZN
BEI TVZ

Theologischer Verlag Zürich

Schriften Ökumenisches Institut Luzern 10

Die Publikation wurde durch namhafte Beiträge unterstützt:
Schweizer Bischofskonferenz
Christkatholische Kirche der Schweiz
Katholische Kirche in Kanton Zürich

Die Deutsche Bibliothek – Bibliografische Einheitsaufnahme
Die Deutsche Bibliothek verzeichnet diese Publikation in der Deutschen Nationalbibliografie; detaillierte bibliografische Daten sind im Internet über www.dnb.ddb.de abrufbar.

ISBN 978-3-290-20089-3

Umschlaggestaltung: Simone Ackermann, Zürich
Satz: Verena Schaukal, Paris
Druck: ROSCH-BUCH GmbH, Scheßlitz

www.edition-nzn.ch

Inhalt

Vorwort 7

Der Bericht der Internationalen Römisch-Katholisch–Altkatholischen Dialogkommission «Kirche und Kirchengemeinschaft» Vorstellung des Textes und Ausblick auf die Chancen seiner Rezeption
Urs von Arx 13

Kopf und Bauch und gegenseitige Wahrnehmung
Praktisch-theologische Überlegungen zum Bericht der Internationalen Römisch-Katholisch–Altkatholischen Dialogkommission von 2009
Bischof Harald Rein 49

Betrachtungen zu einem «innerkatholischen» Dialog aus römisch-katholischer Perspektive
Leonhard Hell 59

Die orthodoxen Kirchen und der Bericht «Kirche und Kirchengemeinschaft» aus der Dialogkommission zwischen der Kirche von Rom und den altkatholischen Kirchen
Ernst Christoph Suttner 73

Zu «Kirche und Kirchengemeinschaft»
Bemerkungen aus evangelisch-reformierter Sicht zum Bericht der Internationalen Römisch-Katholisch–Altkatholischen Dialogkommission
Gottfried W. Locher 105

Ein Modell für die Ökumene?
Ekklesiologische Anmerkungen zum Bericht der Internationalen Römisch-Katholischen–Altkatholischen Dialogkommission
Bernd Jochen Hilberath 129

Was ist Kirche – wer ist Kirche?
Das Kirchenverständnis nach katholischer Lehre aus dem Blickwinkel des römisch-katholischen Kirchenrechts betrachtet
Matthias Pulte 165

Autorenverzeichnis 201

Vorwort

Ist die Trennung zwischen der römisch-katholischen Kirche und den Altkatholiken (Christkatholiken) im Vergleich zu anderen Kirchentrennungen relativ jungen Datums, so zeigt die Internationale Dialogkommission der Römisch-Katholischen und der Utrechter Union der Altkatholischen Kirchen in ihrem Dokument «Kirche und Kirchengemeinschaft» einen Weg und Versuch auf, eine Basis für die «Heilung der Trennung» zwischen beiden Gemeinschaften zu suchen.

Im Gefolge des Zweiten Vatikanischen Konzils, das über das Kirchenattribut der Katholizität Aussagen gemacht hat (vgl. z.B. LG 13), fanden erste Gespräche zwischen der römisch-katholischen und den altkatholischen Kirchen statt. Hier ist besonders an Gesprächskommissionen in Deutschland, Österreich, den Niederlanden und der Schweiz zu denken. Im Sinne einer Koordination dieser Aktivitäten wurde vom damaligen Päpstlichen Einheitssekretariat eine Konsultation in Zürich abgehalten. Die so genannten Zürcher Nota (als Ergebnis dieser Konsultation) halten fest, dass in den altkatholischen Kirchen wahre Sakramente erhalten blieben und eine grosse Übereinstimmung im Glaubensgut besteht. Dieser Kommissionsbericht wurde jedoch von Rom nicht ratifiziert. Als Folge dieser Entwicklung wurden zunächst in Deutschland, dann in der Schweiz paritätisch besetzte Gesprächskommissionen eingesetzt. Aus diesen Kommissionen entstanden mehrere Konsenspapiere («Ortskirche – Universalkirche» [1982], «Abendmahlsgemeinschaft – Kirchengemeinschaft» [1987] u. a.). Im Jahr 2000 kam es zu internationalen Kontakten: Zwischen dem Päpstlichen Rat zur Förderung der Einheit der Christen und der Internationalen Altkatholischen Bischofskonferenz wurde eine Gesprächskommission eingesetzt. Diese Kommission legte im Jahr 2009 folgende Studie vor: «Kirche und Kirchengemeinschaft. Bericht der Internationalen Römisch-Katholischen–Altkatholischen Dialogkommission».[1] In nächster Zeit sollen Übersetzunge dieses Dokuments ins Englische und Französische vorgelegt werden. Im Herbst 2011 wurde zwischen dem Päpstlichen Rat zur Förderung der Einheit der Christen und einer Delegation der Altkatholischen Bischofskonferenz der Utrechter Union das Gespräch um diesen Bericht fortgesetzt. Das Communiqué in der Presse beschrieb dieses hochrangige Treffen wie folgt:[2]

> «Der internationale Dialog mit den Alt-Katholiken: Ausgehend vom Bericht der *Internationalen Röm.-kath./Alt kath. Dialogkommission* aus dem Jahre 2009 mit dem Titel ‹Kirche und Kirchengemeinschaft› tauschten sich die Teilnehmer intensiv über den Stand des ökumenischen Dialogs zwischen Katholiken und Alt-Katholiken aus. Es wurde beschlossen, dass die Dialogkommission ab dem Jahr 2012 den bisher erzielten ökumenischen Konsens weiter vertiefen sollte, vor allem was die grundlegende Problematik der Frage nach dem Verhältnis von Universal- und Ortskirche betrifft. Dabei ist vor allem die universalkirchliche Dimension noch stärker zu behandeln und zu vertiefen. Dies sollte in Zusammenhang mit der Primatsfrage stehen. Auch der altkirchliche Konsens ‹Keine Eucharistiegemeinschaft ohne Kirchengemeinschaft› verdient

1 Kirche und Kirchengemeinschaft. Bericht der Internationalen Römisch-Katholisch-Altkatholischen Dialogkommission. Paderborn/Frankfurt a. M.: Bonifatius/Lembeck, 2009.

2 Zit. nach: Osservatore Romano, deutsche Ausgabe, 27. Januar 2012.

weitere Beachtung, gerade im Zusammenhang mit dem 1985 geschlossenen Abkommen zwischen der Alt-Katholischen Kirche und der Evangelischen Kirche in Deutschland: ‹Vereinbarung über eine gegenseitige Einladung zur Teilnahme an der Feier der Eucharistie› und darüber hinaus, was die Kirchengemeinschaft zwischen Alt-Katholiken und Anglikanern betrifft. Zudem sind die Differenzen bezüglich der Frauenordination und der Mariendogmen weiter zu behandeln.»

Die Studie, ein «innerkatholischer Dialog», listet zunächst theologische Gemeinsamkeiten zwischen beiden Glaubensgemeinschaften auf und benennt dann auch Differenzen auf der lehrmässigen Ebene, die methodisch durch eine Hermeneutik des differenzierten Konsenses auf einem «Weg der Versöhnung und Heilung» voranschreiten möchte. Als Gemeinsamkeiten werden die trinitarisch-soteriologische Grundlegung der Kirche, die lokale, regionale und universale Dimension der Kirche sowie die personale, kollegiale und gemeinschaftliche Verantwortung für die Gemeinschaft benannt. Offene kontroverse Fragen (wie z. B. Stellung des Papstes, Mariendogmen von 1854 und 1950 sowie Frauenordination) werden ebenso angeschnitten. Alle Überlegungen versuchen Umrisse einer möglichen Kirchengemeinschaft zu eruieren. Die zu entwickelnde Hermeneutik dieses bilateralen Gesprächs wird thesenartig im Schlusskapitel «Auf dem Weg der Versöhnung und Heilung» thematisiert.

Die Studie nimmt methodische und inhaltliche Vorgaben anderer Konsenspapiere auf und entwickelt sich im Rahmen dieses «innerkatholischen Dialogs» (Leonhard Hell) zwischen den Kirchen weiter. Ebenfalls kommen psychologische Momente der Trennung zur Sprache, so gesellten sich zu den lehrmässigen Unterschieden auch Phänomene wie Entfremdung und polemische Abgrenzungstendenzen, die bis heute nachwirken. Das Ökumenische Institut Luzern veranstaltete im Herbst 2010 einen Studientag zum Grundlagenpapier «Kirche und Kirchengemeinschaft», an dem einerseits das Dokument vorgestellt und der

Dialog systematisch reflektiert wurde, anderseits auch Vertreter anderer christlicher Kirchen eingeladen waren, sich zu diesem Dokument zu äussern.

Urs von Arx, ein Kommissionsmitglied der Internationalen Dialogkommission, erläutert die methodische Arbeit des Dokuments. Harald Rein, Bischof der Christkatholischen Kirche in der Schweiz, führt in die pastoraltheologische Thematik ein. Leonhard Hell betrachtet die Studie aus der Perspektive der ökumenischen Hermeneutik. Ernst Christoph Suttner liest die Studie unter dem Aspekt der Dialogkommission zwischen der römisch-katholischen Kirche und den altkatholischen sowie den orthodoxen Kirchen. Gottfried W. Locher, Präsident des Rates des Schweizerischen Evangelischen Kirchenbundes, wertet das Dokument aus der Perspektive der reformierten Theologie. Zusätzlich zu den genannten Beiträgen fanden zwei weitere Aufnahme in die vorliegende Publikation: Bernd-Jochen Hilberath betrachtet die Studie aus der Perspektive der katholischen Ekklesiologie, während Matthias Pulte das Kirchenverständnis des vorliegenden Dokuments auf der Basis des römisch-katholischen Kirchenrechts analysiert. Die Beiträge entstammen verschiedener theologischer Disziplinen. Aus diesem Grund richten sich alle Abkürzungen, die in der vorliegenden Publikation verwendet werden, nach dem internationalen Abkürzungsverzeichnis der Theologischen Realenzyklopädie sowie nach dem Abkürzungsverzeichnis aus dem Lexikon für Theologie und Kirche.[3]

Die Studie weist einen hohen Reflexionsgrad auf, nimmt Ergebnisse anderer Dialogkommissionen in die eigene Reflexion auf und lädt zu einer kritischen Relektüre der Studie ein. In nuce findet sich hier die Motivation, die Ergebnisse des Studientags zu publizieren. Da der Dialog zwischen den Glaubensgemeinschaf-

3 TRE: Theologische Realenzyklopädie. Abkürzungsverzeichnis. Zusammengestellt von Siegfried M. Schwertner, 2. überarb. und erw. Auflage. Berlin/New York: De Gruyter, 1994. LThK³: Lexikon für Theologie und Kirche 11. Nachträge, Register, Abkürzungsverzeichnis, durchgesehene Ausgabe der 3. Aufl. 1993–2001. Freiburg i. Br.: Herder 2006, 688*–746*.

ten einerseits von der Bereitschaft des theologischen Gesprächs lebt, anderseits dieser Reflexion in Theologie und kirchlichem Alltag eine Rezeption widerfahren muss, um wirken zu können, lädt der Band 10 der «Schriften Ökumenisches Institut Luzern» ein, den Weg eines vertrauensvollen Dialogs zu gehen und weitere Schritte einer zukunftsoffenen Hermeneutik des Vertrauens zu suchen. Die Studie selbst betont immer wieder, dass das Gespräch zwischen der römisch-katholischen Kirche und den Kirchen der Utrechter Union weitergehen muss. Der vorliegende Sammelband will dazu einen Beitrag leisten.

Wolfgang W. Müller

Urs von Arx

Der Bericht der Internationalen Römisch-Katholisch–Altkatholischen Dialogkommission «Kirche und Kirchengemeinschaft»

Vorstellung des Textes und Ausblick auf die Chancen seiner Rezeption[1]

1 Einführung

Im Jahr 2009 hat eine Internationale Dialogkommission, die 2003 vom Päpstlichen Rat zur Förderung der Einheit der Christen und von der Internationalen Altkatholischen Bischofskonferenz (IBK) eingesetzt worden war, ihre Arbeit mit der Veröffentlichung eines Berichts abgeschlossen. Dieser Text trägt den Titel «Kirche und Kirchengemeinschaft».[2] Wenn Römisch- und Altkatholiken – oder Christkatholiken, wie letztere in der Schweiz heissen – miteinander von «Kirchengemeinschaft» reden als etwas, das als Möglichkeit am Horizont erscheint, dann muss es für jeden, der auch nur eine minimale Kenntnis vom Altkatholizismus hat, klar sein, dass hier anscheinend etwas in Gang gekommen ist, das zentral

1 Vorliegender Text ist eine erweiterte Fassung des am 18. September 2010 in Luzern gehaltenen Vortrags im Rahmen des «Ökumenischen Gesprächs über das Grundlagenpapier der Internationalen Römisch-Katholischen und Altkatholischen Dialogkommission», das vom Ökumenischen Institut Luzern und der Christkatholisch–Römisch-katholischen Gesprächskommission der Schweiz organisiert wurde.

2 Kirche und Kirchengemeinschaft. *Niederländische Übersetzung*: Kerk en kerkelijke gemeenschap. *Polnische Übersetzung:* Kościół i Wspólnota Kościelna. Eine *englische Übersetzung* (vgl. dazu Anm. 14) wird Ende 2013 oder Anfang 2014 erscheinen: Church and Ecclesial Communion. Auch eine *tschechische Übersetzung* (Církev a církevní společenství) ist zu erwarten.

mit der Papstfrage zu tun hat. Schliesslich sind nach einem zwar zu einfachen, aber doch sich hartnäckig haltenden Selbst- und Fremdverständnis die Christkatholischen «papstfrei»; zumindest vertreten sie faktisch einen «Katholizismus ohne Rom»[3].

Ist nun eine Kehrtwende eingetreten? Vielleicht ja, aber dann nicht nur auf der einen Seite. Dass das Amt des Papstes das Haupthindernis für die Einheit der Kirche ist, hat schon 1967 Paul VI. nüchtern festgestellt.[4] Die 1995 von Johannes Paul II. in seiner Enzyklika «Ut unum sint» an die anderen Kirchen gerichtete Aufforderung, einen «brüderlichen, geduldigen Dialog» über das Thema eines Dienstes an der universalen Einheit und Gemeinschaft der Kirchen aufzunehmen, zeigt zur Genüge, dass die bisherigen lehramtlichen Feststellungen zum päpstlichen Amt offenbar noch nicht das letzte Wort in dieser Sache sein können, wenn es um einen irgendwie ökumenisch rezipierbaren Dienst gehen soll.[5] Das aber heisst, dass sich auch die altkatholische Seite an diesem Dialog beteiligen muss, wenn sie doch in ihren offiziellen Verlautbarungen und in ihren ökumenischen Dialogen seit je einen Vorrang des Bischofs von Rom anerkannt hat, wie er in der alten Kirche des ersten Jahrtausends in Ost und West verstanden und gelebt worden sei. Es sind diese Äusserungen, die in den acht Texten dokumentiert werden, die sich im Anhang des Kommissionsberichts finden.[6] So kann der Kommissionstext weithin als eine nun gemeinsam in Angriff genom-

3 So der Titel der ersten, nicht polemisch orientierten Monografie aus römisch-katholischer Feder: *Conzemius*, Katholizismus.

4 Vgl. AAS 59 (1967) 498.

5 Vgl. dazu auch «Kirche und Kirchengemeinschaft», Präambel (S. 8) und Nr. 43. Vgl. ferner die (hier nicht weiter diskutierte) Feststellung von *Urban*, Papsttum 194: «Alle bedeutenden Abspaltungen von der römisch-katholischen Kirche hängen seit dem Mittelalter in mehr oder weniger direkter Weise mit der Ablehnung des Papsttums als solchem oder einzelner seiner ekklesialen Prärogativen zusammen.»

6 Kirche und Kirchengemeinschaft 55–85. Es handelt sich um fünf allein von altkatholischer Seite verantwortete Texte aus den Jahren 1871–1970 sowie um drei weitere, die in offiziellen Gesprächen mit orthodoxen

mene Antwort auf die Aufforderung der genannten Enzyklika verstanden werden; eine rein altkatholische Reaktion gibt es nämlich erstaunlicherweise nicht.[7]

2 Zur Vorgeschichte des Dialogs und zur Entstehung des Berichts

Das jetzt vorliegende Ergebnis des international angelegten Dialogs hat mehr mit den zentralen theologischen Differenzpunkten zwischen Römisch-Katholiken und Altkatholiken zu tun als die Zielsetzungen der früheren nationalen bilateralen Gesprächskommissionen. Solche sind im Anschluss an das Zweite Vatikanische Konzil seit 1966 in den Niederlanden, Deutschland und der Schweiz eingerichtet worden;[8] in der Schweiz existiert nach wie vor die Christkatholisch–Römisch-katholische Gesprächskommission (CRGK). Es ging bei den früheren Gesprächen in erster Linie um eine Vereinbarung über gegenseitige pastorale Hilfen in Fällen, in denen ein Seelsorger der eigenen Kirche nicht erreichbar war. Wenn es auch zu keiner Vereinbarung kam, zeigte der theologische Austausch doch auf, was die beiden Kirchen trotz

---

(1983), anglikanischen (1985) und – hier im nationalen Rahmen der Schweiz – römisch-katholischen Partnern (1981) verfasst worden sind.

7 Für solche Reaktionen vgl. etwa Information Service Nr. 108 (1–2/2001) 29–42; *Lüning u. a.*, Dienst; *Roberson*, Responses; *Lüning*, Universal Episkopē. Angestossen durch die päpstliche Initiative ist die Frage eines Primats der Kirche von Rom und ihres Bischofs in mehreren interkonfessionell ausgerichteten Publikationen erörtert worden – etwa *Puglisi*, Petrine Ministry; *Braaten/Jenson*, Church Unity; *Kasper*, Petrine Ministry; zuletzt die *Gruppe von Farfa Sabina*, Gemeinschaft, womit auch *Puglisi*, Petrine Ministry zu vergleichen ist. Das schon 1996 von der Kongregation für die Glaubenslehre organisierte Symposion, die damit ihrerseits auf den an die christlichen Gemeinschaften gerichteten Aufruf des Papstes zum «brüderlichen, geduldigen Dialog» reagierte, umfasste nur römisch-katholische Teilnehmer (vgl. *Il Primato*); siehe auch Anm. 34.

8 Vgl. dazu die im Vorwort des Kommissionsberichts (S. 9 f.) angegebene Literatur; ferner *Visser*, Vorgeschichte.

einer von Polemik und Ignorierung geprägten Vergangenheit nach wie vor verbindet. Darauf konnte weiter gebaut werden.

Zur Genese des Kommissionsberichts sei nur folgendes festgehalten: Der Titel «Kirche und Kirchengemeinschaft» kann als ein Hinweis auf zwei Phasen des Dialogs gelten. Das der Dialogkommission von den Kirchenleitungen vorgegebene Thema betraf «die Autorität in der Kirche und die Ausübung des Petrusdienstes auf der Basis der Enzyklika ‹Ut unum sint› und anderer relevanter Dokumente sowie das Verhältnis von Ortskirche und Universalkirche».[9] Für die Ausführung dieser Aufgabe, auf die ich später näher eingehe, steht das Wort «Kirche». Das Wort «Kirchengemeinschaft» hingegen ist ein Indiz für einen vielleicht charismatisch zu nennenden Punkt auf dem Weg, den die Kommission im Verlauf ihrer Arbeit gegangen, gar geführt worden ist – in einem Dialog entstehen ja nicht nur Einsichten, sondern auch Vertrauen und daraus so etwas wie ein Eros im Blick auf ein erstrebenswertes Ziel. Auf der 5. Sitzung im Mai 2005 kam zum ersten Mal die Frage auf, ob angesichts der erreichten gemeinsamen Feststellungen im Grundverständnis der Kirche «nicht die Möglichkeit einer Kirchengemeinschaft ins Auge zu fassen und konkret zu untersuchen wäre. Dies lag ja nicht im expliziten Mandat der Kommission.»[10] Das erklärt, warum die zweite Hälfte des Textes länger ausgefallen ist und auch Fragen thematisiert, die nicht unmittelbar mit der ekklesiologischen Zentralthematik zu tun haben. Letztere ist aber nach wie vor die inhaltliche Hauptsache des Berichtes.

3 Ein Dialogtext, der rezipiert werden will

Es ist nun meine Aufgabe, den Bericht der Internationalen Römisch-Katholisch–Altkatholischen Dialogkommission mit dem Titel «Kirche und Kirchengemeinschaft» aus einer christ-

9 Vgl. IKZ 93 (2003) 196.

10 *Visser*, Vorgeschichte 20.

katholischen Perspektive kurz vorzustellen und zugleich den Prozess der beginnenden Rezeption zu thematisieren. In diesem Prozess wird sich mittel- und langfristig herausstellen, ob und – wenn ja – wie der von der Kommission angestossene Impuls von den beiden Kirchen und ihren Verantwortungsträgern aufgenommen wird. Dabei wird sich hoffentlich erweisen – und ich zitiere hier frei aus Nr. 25 des Dialogtextes –, dass der angedeutete Weg zu einer möglichen Kirchengemeinschaft «dem Willen Gottes» im Blick auf die Einheit der Kirche und ihr Bleiben in der Wahrheit des apostolischen Glaubens entspricht.

Ein erster Schritt auf diesem Weg ist auf altkatholischer Seite schon erfolgt mit der Erklärung der 41. Internationalen Altkatholischen Theologenkonferenz vom August 2009. Ich zitiere daraus die beiden wichtigsten Aussagen:

> «Die Konferenz begrüsst die grundlegenden Übereinstimmungen im Verständnis der Kirche, das auch eine Situierung des Dienstes des Papstes innerhalb ihrer Communio-Struktur einschliesst. Sie begrüsst zudem die angewendete Methode des differenzierten Konsenses, bei der Grundübereinstimmungen festgestellt und noch verbleibende Unterschiede, die nicht kirchentrennend sein müssen, benannt werden.
> Die Konferenz teilt in Folge dessen die Einschätzung der Kommission, dass das aufgezeigte Mass an Übereinstimmung erstmals die Möglichkeit von Kirchengemeinschaft als denkbar erscheinen lässt, die keine ‹Rückkehr-Ökumene› impliziert. Sie pflichtet der Kommission bei, dass die im Bericht genannten offenen Fragen der weiteren gemeinsamen theologischen Reflexion bedürfen.»[11]

11 Vgl. IKZ 100 (2010) 1–3. Dort auch nähere Angaben zu den unten erwähnten Stellungnahmen der altkatholischen Pastoralkonferenzen in Österreich und der Schweiz. Diejenigen der deutschen altkatholischen Pastoralkonferenz und der Bistumssynode erschienen in IKZ 101 (2011) 51 f. und 52 f. Eine deutsche Übersetzung der polnischen Stellungnahme findet sich in IKZ 101 (2011) 339 f. Weitere Informationen in: IKZ 102 (2012) 230 f.

Der Konferenz lag nicht nur der noch druckfrische Kommissionsbericht vor, sondern sie hörte auch eine Reihe von Referaten an – einerseits vonseiten von Kommissionsmitgliedern zum Bericht selbst, andererseits vonseiten von Repräsentanten anderer Kirchen zum Verständnis des Papstamtes in ihrer kirchlichen Tradition, mit mehr oder weniger einlässlichen Kommentaren zum Bericht.[12]

Bislang haben sich auch die Pastoralkonferenzen der Altkatholischen Kirche Österreichs (11. November 2009), der Christkatholischen Kirche der Schweiz (15. März 2010) und des Katholischen Bistums der Alt-Katholiken in Deutschland (24. Juni 2010) sowie die Teilnehmer eines vom Episkopat organisierten wissenschaftlichen Symposiums der Polnisch-Katholischen Kirche (6. Juli 2010) in grundsätzlich zustimmender Weise zum Bericht geäussert, dabei aber auch bestimmte Punkte benannt, die eingehender zu behandeln seien. In Deutschland hat schon die 57. Ordentliche Bistumssynode (1. Oktober 2010) in gleicher Weise dazu Stellung genommen. Weitere Stellungnahmen in den Gliedkirchen der Utrechter Union (sei es von Pastoralkonferenzen oder Bistumssynoden) sind zu erwarten. Natürlich wird sich auch die Internationale Altkatholische Bischofskonferenz als einer der beiden Auftraggeber der Dialogkommission dazu äussern.

12 Das IKZ-Doppelheft mit dem Titel «Papstamt und römisch-katholisch–altkatholischer Dialog» enthält die folgenden Beiträge: *Visser, Jan*: Zur Vorgeschichte und Entstehung des Berichts der Internationalen Römisch-Katholisch–Altkatholischen Dialogkommission; *von Arx, Urs*: Altkatholische Kehrtwende? Zum Kommissionstext «Kirche und Kirchengemeinschaft»; *Esser, Günter*: Mariendogmen, Frauenordination und kirchenrechtliche Perspektiven als «offene Fragen» im Bericht «Kirche und Kirchengemeinschaft»; *Urban, Hans Jörg*: «Kirche und Kirchengemeinschaft». Das Ergebnis des internationalen Römisch-Katholisch–Altkatholischen Dialogs und die Perspektiven in der Primatsfrage aus römisch-katholischer Sicht; *Larentzakis, Grigorios*: Das Papstamt in orthodoxer Sicht; *Chapman, Mark D.*: An Anglican View of the Office of the Papacy; *Schuegraf, Oliver*: Teufels Gespenst oder Diener der Einheit? Lutherische Annäherungen an das Papstamt: IKZ 100 (2010) 1–168.

Auf römisch-katholischer Seite ist hingegen – soweit von aussen erkennbar – noch nicht viel geschehen.[13] Einer der ersten Schritte der Rezeption könnte im Zusammenhang mit der geplanten Veröffentlichung des Textes (in englischer Übersetzung) im «Information Service» des Päpstlichen Rates zur Förderung der Einheit der Christen stehen: Diese Publikation würde – wie üblich bei solchen Texten – von einem Kommentar der Kongregation für die Glaubenslehre begleitet sein. Darauf darf man gespannt sein – umso mehr, als sich die Sache hinauszuzögern scheint.[14]

Ein unserem Ökumenischen Gespräch in Luzern[15] vergleichbarer Anlass war eine von beiden Kirchen organisierte Konferenz in Utrecht am 29. November 2009[16]; ohne derartige Initiativen sind Rezeptionsprozesse kaum denkbar.

13 Die Ökumenekommission der Schweizerischen Bischofskonferenz behandelte auf ihrer Sitzung am 3. Mai 2010 den Bericht der Dialogkommission.

14 Anlässlich einer Begegnung einer kleinen, vom Erzbischof von Utrecht (Joris Vercammen) angeführten altkatholischen Delegation mit dem Präsidenten des Päpstlichen Rates zur Förderung der Einheit der Christen (Kardinal Kurt Koch) am 6. September 2011 in Rom wurde festgestellt, dass der Kommissionsbericht (in der mittlerweile vorliegenden englischen Übersetzung) vom Einheitsrat nicht publiziert wird, womit auch ein *commentarium officiale* entfällt; der Dialog soll aber fortgesetzt werden, und zwar unter Einschluss des bisher nur national geführten bilateralen Dialogs in Polen. Unterdessen hat die zweite Phase des Dialogs begonnen: Die personell teilweise erneuerte Dialogkommission hat sich vom 3. bis 6. Dezember 2012 in Paderborn zu ihrer ersten Sitzung versammelt. Im Zentrum der Arbeit stehen zunächst ekklesiologische Fragen.

15 Vgl. dazu den gediegenen Bericht von *Weibel*, Weg; etwas kürzer auch *ders.*, Familienzwist. Hervorzuheben im Blick auf die Rezeption des Kommissionsberichts ist die in Luzern aus dem Plenum mehrfach geäusserte Ansicht, dass das Geschick von «Kirche und Kirchengemeinschaft» entscheidend abhängig sei vom Gang der innerrömisch-katholischen Auseinandersetzung über das, was Communio-Ekklesiologie genau impliziere.

16 Vgl. den Bericht und die Referate in der elektronischen Zeitschrift der «Katholieke Vereniging voor Oecumene»: Perspectief. In Polen hat die Römisch-katholisch–Polnisch-katholische Gesprächskommission am 26./27. September 2011 in Gietrzwałd eine Tagung zum Dialogtext veranstaltet, deren Referate

4 Was eine erfolgreiche Rezeption des Berichts impliziert

Bevor ich auf den Kommissionstext näher eingehe, will ich noch andeuten, was eine erfolgreiche Rezeption des Textes implizieren würde. Ich gehe dabei von zwei grundlegenden Feststellungen zum Text aus:

Die Kommission hat in ihrer Arbeit die Methode des differenzierten Konsenses gewählt (34–35): Hier wird vorausgesetzt, «dass die angestrebte Einheit im Glauben nicht Einheitlichkeit bedeutet, sondern eine Vielfalt, in der neben den Grundübereinstimmungen den noch verbleibenden Unterschieden keine kirchentrennende Kraft zukommen muss.» Entsprechend finden sich im Text «grundlegende Übereinstimmungen» (nämlich 5–26 bzw. 36–39) und «noch offene Fragen» (nämlich 40–82).

Die Kommission hat sich von der Einsicht bestimmen lassen, dass die «Entfremdung und Trennung zwischen Römisch-Katholiken und Altkatholiken – konfessionstypologisch gesprochen – ein *innerkatholisches Problem* darstellt» (2).[17] Insofern geht es bei der Aufarbeitung der Gründe und dem darüber hinaus ins Auge gefassten «möglichen Weg zu einer kirchlichen Gemeinschaft der beiden Kirchen» «um das spezifische Verhältnis zwischen Altkatholischer und Römisch-Katholischer Kirche» (4). Aber die Dialogkommission hat eine grössere Vision, wenn sie hofft, «dass die hier dargelegten Überlegungen auch bei anderen Einheitsbemühungen ein Modell für eine Kirchengemeinschaft mit Rom sein könnten, die keine ‹Rückkehr-Ökumene› impliziert»; deshalb sind auch wiederholt Texte anderer ökumenischer Dialoge berücksichtigt worden. Für beide Perspektiven gilt, was die Kommission als aussichtsreiche Voraussetzung für einen Dialog nam-

---

2013 von Weihbischof Jacek Jezierski veröffentlicht wurden (der Beitrag von Zdzisław Kijas ist auch auf Deutsch erschienen; vgl. das Literaturverzeichnis). Am 11. November 2011 kam es zu einem Informationsaustausch zwischen niederländischen Repräsentanten der beiden Kirchen in Utrecht.

17 Genauer wäre von einem «inner-westlich-katholischen» Problem zu reden. Anderswo (87) ist von einem «Familienzwist» die Rede.

haft macht, nämlich dass nun mit einer Communio-Ekklesiologie «ekklesiologische Grundsätze der in Ost und West gemeinsamen Tradition der Alten Kirche zum Mass geworden sind» (2). Eine Orientierung an dieser Referenzgrösse beschränkt sich nicht auf unsere beiden Kirchen.[18]

Wenn ich nun den Text vorstelle, so werde ich bei gewissen Punkten fragen, was eine positive Rezeption des Textes vonseiten der Römisch-Katholiken und der Altkatholiken einerseits und vonseiten weiterer Kirchen andererseits implizieren würde. Rezeption bezieht sich dabei nicht nur auf einzelne Inhalte, sondern auch auf die Architektur unseres Textes.

Bei der Präsentation von Inhalt und Architektur, der ich mich nun zuwende, fange ich mit den «grundlegenden Übereinstimmungen» an.

5 Die «grundlegenden Übereinstimmungen»

Zur *Architektur* des ganzen Textes gehört die schon erwähnte Unterscheidung von «grundlegenden Übereinstimmungen» und «noch offenen Fragen». Jene finden sich, wie angeführt, in den Nrn. 5–26 und – als Rekapitulation – in den Nrn. 36–39.

Was den *Inhalt* betrifft, so liegt in den Nrn. 5–26 ein kleiner ekklesiologischer Traktat vor: Wie verstehen wir Kirche? Er ist kompakt und in einer theologischen Fachsprache ausgeführt. Das Ziel dieses Abschnittes ist es, den Dienst des Papstes grundsätzlich in einer Communio-Struktur der Kirche zu situieren.

18 Wo diese Orientierung im Blick auf die ekklesiologische Thematik nicht geteilt wird, sondern vielmehr die theologische Optik der jeweiligen Trennungsumstände (im 2. Jahrtausend) dominant bleibt, ist damit zu rechnen, dass der Kommissionstext – auch hinsichtlich der «grundlegenden Übereinstimmungen» – nur eingeschränkt als weiterführend betrachtet wird. Das gilt besonders auch für das theologische Verständnis des ordinierten Amtes, das – in Übereinstimmung mit der älteren ostkirchlichen Tradition – vom Episkopat her seinen Ausgangspunkt nimmt, und nicht, wie im westlichen Mittelalter, vom Presbyterat her (was bei den damals oft sachfremden Funktionen eines Bischofs einleuchtend schien); vgl. dazu etwa *Walter*, Verhältnis.

Wie Kirche unter dieser spezifischen Zielsetzung verstanden und wie von ihr gesprochen wird, deuten die drei Kapitelüberschriften an: «1. Kirche – trinitarisch-soteriologische Grundlegung. 2. Lokale, regionale und universale Dimensionen der Kirche. 3. Personale, kollegiale und gemeinschaftliche Verantwortung für die Einheit der Kirche und ihr Bleiben in der Wahrheit.»

Grundlegend ist die in Nr. 12 formulierte Einsicht, dass die Kirche «der von Gott in der Sendung Jesu Christi und des Heiligen Geistes eröffnete Heils- und Lebensraum» von Menschen ist, die der Ruf der Christusbotschaft erreicht hat, und dass die Grundvollzüge der Kirche, *leitourgia, martyria* und *diakonia* [19] (bzw. Wort und Sakrament, vgl. 9; 24), ihre Mitte in der Eucharistiefeier haben, «in der Gott die Getauften immer wieder neu zur Gemeinschaft eint und zum Dienst an den Menschen sendet». Von dieser von Gott geschaffenen Gemeinschaft wird gesagt, dass sie durch eine Vielzahl von Ämtern und Diensten strukturiert wird, «unter denen dem Amt des Bischofs mit seiner Erstverantwortung für die Grundvollzüge der Kirche eine besondere, unverzichtbare Aufgabe für die Einheit der Gemeinschaft» zukommt.

19 Die *leitourgia*, *martyria* und *diakonia* genannten, untereinander verbundenen fundamentalen Lebensvollzüge der Kirche, an denen sich erkennen lässt, was sie ist, lassen sich in gedrängter Kürze etwa so umschreiben:
– Zur *leitourgia* gehören die Anbetung und das Lob Gottes, worin die Kirche im Modus der Epiklese davon zu leben wagt, was ihr in Wort und Sakrament geschenkt wird und was sie als Quelle ihrer und der Schöpfung Zukunft erkannt hat.
– Zur *martyria* gehören – in unterschiedlicher Weise nach aussen und innen gerichtete und meist miteinander verbundene – Akte der die Gemeinde aufbauenden und der missionarischen Verkündigung des Evangeliums, die Katechese, die werbende Rechenschaft über den Glauben mit seinen Voraussetzungen und Konsequenzen, Stellungnahmen zu Fragen der Politik und der Gesellschaft, die sich aus der biblischen Botschaft aufdrängen usw.
– Zur *diakonia* gehört die Wahrnehmung ihres heilenden Auftrags gegenüber den konkreten materiellen und psychischen Nöten von Menschen in resoluter Überschreitung ihrer eigenen institutionellen, d. h. kanonischen Grenzen.

Mit den beiden Bezugsgrössen «Eucharistie» und «Bischof» ist die *lokale* Dimension von Kirche mit ihren Grundvollzügen umschrieben. Als Ortskirche wird also das benannt, was in unserer gemeinsamen Tradition Bistum heisst. Dieser ortskirchliche Ausgangspunkt ist für die weitere Entfaltung des Kirchenverständnisses im Abschnitt «Grundlegende Übereinstimmungen» ganz wichtig. Von der Ortskirche wird im Kommissionsbericht (16) gesagt:

> «Jede Ortskirche ist eine Vergegenwärtigung der einen, heiligen, katholischen und apostolischen Kirche, von der das ökumenische Glaubenssymbol von Nizäa-Konstantinopel spricht. Sie ist katholisch, weil sie einerseits an der ganzen, Gott und Mensch, Himmel und Erde umfassenden Wirklichkeit des Heils und der Wahrheit sakramental teilhat und darin ihre Einheit findet und weil sie andererseits mit anderen Ortskirchen, in denen sie ihr eigenes, in der göttlichen Zuwendung gründendes Wesen erkennt und anerkennt, in Einheit und Gemeinschaft verbunden ist.»[20]

Die Ortskirchen stehen demnach in einer Gemeinschaft mit anderen Ortskirchen, von denen jede einzelne und die Gemeinschaft als Ganze eine Vergegenwärtigung der Einen, heiligen, katholischen und apostolischen Kirche ist, die wir im Glaubenssymbol bekennen (vgl. 16 f.). Die Ortskirchen werden also nicht als irgendwie defiziente, unvollständige Teile eines grösseren Ganzen verstanden, wenn sie in eine überlokale Gemeinschaft eingebunden sind: «Denn die lokale Kirche [d.h. die Ortskirche] ist ganz Kirche, aber nicht die ganze Kirche» (17). Das ist deshalb der Fall, weil jeder Ortskirche, die mit anderen Ortskirchen in Gemeinschaft steht, in gleicher Weise die volle Katholizität eignet.[21]

20 Diese Formulierung lehnt sich an die ekklesiologisch ausgerichtete Präambel des «Statuts der in der Utrechter Union vereinigten altkatholischen Bischöfe» an; vgl. *von Arx/Weyermann*, Statut, 12–15, 13.

21 Die Katholizität der Kirche ist nicht mit ihrer Universalität zu verwechseln; vielmehr ist letztere eine Folge der Gemeinschaft der Ortskirchen, die so je

Hinsichtlich der *überlokalen* Dimension von Kirche unterscheidet der Kommissionstext zwischen regionalen Dimensionen und der universalen Dimension. Er spricht entsprechend von einer «Gemeinschaft von Ortskirchen» und von einer «Gemeinschaft von Gemeinschaften von Ortskirchen». Auch die universale, geografisch weltumfassende Dimension von Kirche ist zu verstehen als eine Gemeinschaft von Gemeinschaften von Ortskirchen. *Diese* Perspektive ist mit dem Ausdruck Communio-Struktur der Kirche gemeint: Die Ortskirche (das Bistum) ist gewissermassen die Fundamentalgrösse; sie darf aber nie isoliert von den anderen betrachtet werden, gehört doch ihr Mit-anderen-Kirchen-in-Gemeinschaft-Stehen zu ihrem Wesen. Was sie «identisch» macht und so verbindet, ist ihre Teilhabe an der Gemeinschaft, die der dreifaltige Gott selbst ist.

Wie wird nun in dieser Perspektive «die Einheit der Kirche und ihr Bleiben in der einen Wahrheit im steten Prozess der weltweiten Mission und Inkulturation des Evangeliums zum Ausdruck» gebracht und bewahrt (20)? Im Blick darauf kommt der Dialogtext auf das ekklesiologische Konzept der personalen, kollegialen und gemeinschaftlichen Verantwortung hinsichtlich der Kirchenleitung zu sprechen.[22] Dieses hat seinen primären

---

ihre volle Katholizität erweisen.

22 Die Rede von der personalen, kollegialen und gemeinschaftlichen Verantwortung (oft *episkopē* genannt) geht auf das so genannte Lima-Dokument der ÖRK-Kommission «Glauben und Kirchenverfassung» aus dem Jahr 1982 zurück – in der englischen Originalformulierung: «*The ordained ministry should be exercised in a personal, collegiate and communal way*» (M 26); deutsch vgl. *Meyer*, Dokumente I, 545–585, 576 f. (= Amt 26). Das impliziert eine synodale Vernetzung und Situierung des Amtes, das der Bischof in personaler Weise ausübt, und dies ist der Ausgangspunkt der Bestimmung von Primat und Synodalität als zwei zusammengehörigen Aspekten der Kirchenleitung; diese Bestimmung trifft auch für die universale Dimension der Kirche zu, also für den Primat des Papstes. Vgl. auch *Groupe des Dombes*, Ministère, Nrn. 133–162.
Für altkatholische Ohren ist das Theologumenon der dreifachen Verantwortung verständlich, wenn es im Blick auf die Ortskirche, also das Bistum, erläutert wird: Die *personale* Verantwortung für das Bleiben der Kirche in der

Kontext in der Ortskirche, worauf der Text auch kurz eingeht (21). An sich sollte dies – im Zusammenhang mit einer Konkretisierung der Grundvollzüge *leitourgia, martyria* und *diakonia* – viel breiter entfaltet werden, denn schliesslich wird dies für die meisten Getauften in den Pfarrgemeinden oder anderen Vereinigungen einer Ortskirche erfahrbar und anschaulich.[23] Der Dialogtext konzentriert sich aber von seiner spezifischen Zielsetzung auf die supralokale Gemeinschaft von Ortskirchen: Hier sind die Bischöfe als ihrerseits in ihrer eigenen Ortskirche synodal vernetzte Vorsteher der Ortkirchen primär (aber nicht ausschliesslich) verantwortlich dafür, dass die Gemeinschaft von

---

Wahrheit und für ihre Einheit wird vom Bischof wahrgenommen; die *kollegiale* von den Ordinierten, die im priesterlichen Dienst stehen und mit dem Bischof ein Kollegium bilden, dem aus praktischen Gründen auch Diakone und Diakoninnen (die als Einzelne dem Bischof zugeordnet sind) assoziiert sind; die *gemeinschaftliche* von den Laien- und Geistlichendelegierten der Bistumssynode (die in einem ebenfalls gemischt zusammengesetzten «Synodalrat» ihr administratives Organ zwischen den Synodesessionen hat). Dabei bilden die drei Dimensionen der *episkopē* annäherungsweise drei konzentrische Kreise; der Bischof als personales Zeichen der Einheit ist also in allen drei Dimensionen involviert. Allerdings wird diese Sicht wohl nur insoweit einleuchten, als das Gegenüber und Miteinander der genannten Träger und Trägerinnen der so verstandenen *episkopē* nicht in das System einer in der Politik notwendigen Gewaltenteilung (*checks and balances*) und der pragmatischen Entscheidungsfindung durch Mechanismen wie Mehrheitsbeschlüsse eingezeichnet wird.

Die gegenseitige Verwiesenheit von personal und kollegial wahrgenommener Verantwortung ist in altkatholischer Perspektive primär also *jeweils* in der – mit anderen Ortskirchen in Gemeinschaft stehenden – Ortskirche situiert (Bischof mit Kollegium der Presbyter), dann auch in den überortskirchlichen Synoden von Bischöfen. In römisch-katholischer Perspektive hat sie ihren Ort, wie es scheint, wohl *singulär* in der so genannten Universalkirche (Papst und Kollegium der Bischöfe); vgl. auch Nr. 46.

Wie über die personale und kollegiale Verantwortung hinaus eine «gemeinschaftliche» Verantwortung «in der überörtlichen […] Gemeinschaft von Ortskirchen» (20 und 38) wahrgenommen werden soll, lässt der Kommissionsbericht übrigens offen.

23 Dieser Punkt wurde in der Stellungnahme der Christkatholischen Pastoralkonferenz moniert (vgl. Anm. 11).

Ortskirchen die «anstehenden Aufgaben der Bewahrung der Einheit und der Bezeugung der Wahrheit» (22) wahrnimmt. Sie tun das in erster Linie auf synodalen Versammlungen. Dabei kommt *einem* Bischof in *personaler Verantwortung* ein Primat (Leitungsdienst) zu: «Es ist die Aufgabe *eines* Bischofs, dafür zu sorgen, dass die *vielen* Bischöfe in einem synodalen Prozess die ihnen zugedachte Verantwortung [eben die kollegiale Verantwortung] wahrnehmen» (22). Und der Text sagt dann lapidar: «Für die universale Dimension kommt dieser Primat dem Papst zu» (22).

Primat und Synodalität bedingen also einander in den unterschiedlich weit gefassten geografischen Ausdehnungen einer überlokalen Gemeinschaft von Ortskirchen. Entsprechend wird von einem Primat nicht nur im Blick auf den Bischof von Rom gesprochen.

In den Zusammenhang der vernetzten Verantwortung in personaler und kollegialer Perspektive auf den supralokalen Ebenen der Kirche werden dann noch die verschiedenen Bezeugungsinstanzen des Glaubens in ihrem Zusammenwirken gestellt (23). Was damit gemeint ist, sei anhand eines Zitates angedeutet:

> «Darunter sind die verschiedenen Artikulationen des Glaubens zu verstehen, die zur Glaubenserkenntnis und Glaubensentscheidung beitragen. Diese sind die Heilige Schrift, die Tradition, der Glaubenssinn der Gläubigen, das kirchliche Lehramt und die Theologie. Sie manifestieren sich in unterschiedlicher Weise in der liturgischen Überlieferung, in den Symbolen und Glaubensentscheidungen der Ökumenischen Synoden, im einmütigen Lehramt der Bischöfe, im gemeinsamen Glaubensbewusstsein der Gläubigen und in den Einsichten der wissenschaftlichen Theologie. Sie alle haben ihren Fokus in der Heiligen Schrift als Zeugnis der Offenbarung des dreieinen Gottes und seines Heilswillens, wie sie in der Gemeinschaft der Kirche in vom Heiligen Geist initiierten Weisen empfangen und weitergegeben wird. Der geschichtliche Weg, den die Kirche auf ihre Vollendung im Reich Gottes

hin zu gehen hat, führt zu vielgestaltigen Inkulturationen des Glaubens. Daher ist im jeweiligen Zusammenwirken der genannten Bezeugungsinstanzen sowohl eine kreative Kontinuität mit der Lehre und den geistlichen Erfahrungen der Väter und Mütter im Glauben als auch eine Offenheit für die Lebensfragen der Menschen in ihrer jeweiligen Zeit unabdingbar [...]»

In diesem «Bezeugungs- und Erkenntnisgeschehen des Glaubens» soll die Apostolizität der Kirche zur Geltung kommen, in deren Sukzession namentlich auch das apostolische Amt steht (24). Kirche gibt es nur in einer lebendigen und daher auch wandelbaren Kontinuität mit dem apostolischen Ursprung.

Die ekklesiologische Skizze in den Nrn. 5–26 – und rekapituliert in den Nrn. 36–39 – zielt also darauf, die Funktion des Papstes als universaler Primas näherhin zu situieren. Die Skizze wird von der Dialogkommission als Ergebnis «grundlegende[r] Übereinstimmungen» präsentiert. Sie verarbeitet nicht nur theologische Elemente für eine Communio-Struktur der Kirche, wie sie etwa in der Kirchenkonstitution «Lumen Gentium» des Zweiten Vatikanischen Konzils vorliegen.[24] Es werden auch wichtige Ansätze und Impulse aus der ekklesiologischen Arbeit von «Faith and Order» des Ökumenischen Rates der Kirchen übernommen; «Faith and Order» ist dank der offiziellen Mitarbeit der römisch-katholischen Kirche das weltweit repräsentativste theologische Forum ökumenischer Reflexion (das in den letzten Jahren leider etwas schwach auf der Brust geworden ist). Ich verweise nur auf die so genannten Lima-Texte von 1982 («Baptism, Eucharist, Ministry»; vgl. M 19–33) und auf das Studienprojekt «The Nature and Mission of the Church» von 2005 (vgl. bes. die Nrn. 86–104; die entsprechenden Nrn. 45–57 im erst 2012 fertig gestell-

24 Allerdings findet sich in «Lumen Gentium» bekanntlich keine homogene Auffassung der Kirche als communio; vgl. dazu prägnant die beiden Beiträge von *Drumm*, Art. «Communio. I», bes. 1282; *Pottmeyer*, Art. «Bischofskollegium. I», bes. 494.

ten Nachfolgetext «The Church: Towards a Common Vision» sind weniger aussagekräftig).

Eine erfolgreiche Rezeption der Zielsetzung der «grundlegenden Übereinstimmungen» im Verständnis der Kirche würde daher idealerweise, wie oben angedeutet, nicht nur unsere beiden Kirchen betreffen, sondern auch andere Kirchen, die Kirchengemeinschaft mit Rom erwägen. Diese Möglichkeit besteht dann, wenn sie – wie unsere Kommission es getan hat – darüber nachdenken, wie die lokalen kirchlichen Gemeinschaften in einer verbindlichen überlokalen Gemeinschaft vernetzt werden und wie die personale und kollegiale Verantwortung des (bischöflichen) Amtes in diesem Horizont sachgerecht wahrgenommen werden kann. (Ich nehme dabei Nr. 12 mit dem Überblick über die sieben Sakramente in schultheologischer Sequenz und Diktion aus, da dieser sich stark dem früheren bilateralen Dialog verdankt und im systematischen Duktus des Kommissionsberichts eine Art Exkurs darstellt.)

Realistischerweise ist aber die Hoffnung auf eine derartige explizite Rezeption unseres römisch-katholisch–altkatholischen Dialogtextes doch etwas gar unbescheiden oder illusionär. Ich sollte vorsichtigerweise wohl eher sagen, dass der Dialogtext im Blick auf die «grundlegenden Übereinstimmungen» dann erfolgreich ist, wenn andere Dialoge zu sachlich konvergierenden Einsichten kommen – auch wenn sie sich nicht ausdrücklich auf unseren Dialog und schon gar nicht auf den spezifischen «Familienzwist» beziehen. In diesem Sinn scheint mir der laufende orthodox–römisch-katholische Dialog, der sich zurzeit der Frage des päpstlichen Primats widmet, ein spannender Test zu sein. Ich erwarte da mögliche inhaltliche Konvergenzen, auch wenn der Argumentationsgang im Einzelnen anders verläuft.[25]

25 Vgl. *Larentzakis*, Papstamt.

6 Die «noch offenen Fragen» und ihre Gewichtung

Zur Architektur des Textes gehört, wie schon mehrmals angedeutet, die Unterscheidung von «grundlegenden Übereinstimmungen» und «noch offenen Fragen». Diese beziehen sich nur in einem Fall auf die ekklesiologisch situierte Primatsfrage (41–47), thematisieren sonst aber andere Problemfelder, die sich im Blick auf eine angedachte Kirchengemeinschaft ergeben: die Mariendogmen von 1854 und 1950 (48–55), die Ordination von Frauen zum priesterlichen Dienst (56–73) und Fragen kirchenrechtlicher Natur (74–82). Zu einer erfolgreichen Rezeption des Kommissionstextes innerhalb unserer beiden Kirchen würde gehören, dass diese Gewichtung – im Sinn einer Art von *hierarchia veritatum*[26] – voll übernommen wird. Ob das so ist, wird sich allerdings erst weisen müssen.

Im Zusammenhang mit der Methode des differenzierten Konsenses setzt die Bezeichnung «noch offene Fragen» nicht voraus, dass es sich um völlige *Adiaphora* handelt, wohl aber, dass in einem Annäherungsprozess auf Kirchengemeinschaft hin es möglich ist, dass «den verbleibenden Unterschieden keine kirchentrennende Kraft zukommen muss» (34).

Das ist vor allem im Blick auf die noch offenen, den Primat des Papstes betreffenden ekklesiologischen sowie die mariologischen Fragen formuliert (41–47 und 48–55). Sie sind sicher in einer weiteren Phase des Dialogs aufzugreifen, wenn dieser nicht von einer Seite abgeblockt wird. Insofern dürfte die Bezeichnung «noch offene Fragen» und die implizierte Gewichtung im Vergleich mit den «grundlegenden Übereinstimmungen» einleuchten.

Etwas anders scheint es sich mit den «noch offenen Fragen kirchenrechtlicher Natur aus römisch-katholischer Sicht» (74–82) zu verhalten, genauer mit den Nrn. 77–80. Dass ehemals römisch-katholische Kleriker und Gläubige nach ihrem Beitritt

26 Vgl. dazu aus altkatholischer Perspektive *Suter*, Vernetzung.

zur altkatholischen Kirche nach wie vor als Glieder der römisch-katholischen Kirche gelten und kirchenrechtlichen Sanktionen unterworfen sind, ist ein römisch-katholisches Problem. Es wird erst im Blick auf eine Kirchengemeinschaft mit den Altkatholiken logischerweise zu einem gemeinsamen. Das zeigt sich auch daran, dass beispielsweise auf der erwähnten altkatholischen Theologenkonferenz diesem Punkt in den Gruppengesprächen ein übermässiges Gewicht zukam, da hier für viele Teilnehmer und Teilnehmerinnen, die in der römisch-katholischen Kirche religiös sozialisiert worden sind, die vor Generationen erfolgte Trennung und Entfremdung zwischen den beiden Kirchen zusätzlich einen biografischen und mit Affekten verbundenen Hintergrund erhalten hatte.[27] Dennoch ist ein zukünftiges vertiefendes Aufgreifen dieser «noch offenen Frage» kaum eine gemeinsame Aufgabe, denn die Lösung muss primär von römisch-katholischer Seite vorangetrieben werden. Insofern wird auch die Gewichtung dieser Thematik als eine «noch offene Frage» kaum bestritten werden.

Aber wie steht es mit der Gewichtung der Ordination von Frauen zum priesterlichen Dienst als eine «noch offene Frage» (56–73; vgl. 81–82)? Es gibt Stimmen, die dieser Gewichtung nicht zustimmen und meinen, dieser Punkt sei für Rom nicht verhandelbar und ein theologisches Gespräch darüber faktisch blockiert: Zu gross sei nämlich der Einsatz des päpstlichen Lehrprimats im Apostolischen Schreiben «Ordinatio sacerdotalis» von Papst Johannes Paul II. (1994), und zu viel stehe angesichts des latent vorhandenen Widerspruchs in Teilen der weltweiten Kirche für die päpstliche Autorität auf dem Spiel. Anders gesagt:

27 Wer in einer altkatholischen Kirche getauft worden ist, gilt als getrennter Bruder oder als getrennte Schwester in Christus; wer (ab etwa dem siebenten Lebensjahr) aus der römisch-katholischen Kirche zur altkatholischen Kirche übergetreten ist, steht unter den Strafbestimmungen, die der CIC für Apostasie, Häresie oder Schisma vorsieht; vgl. cann. 11; 751; 1364 § 1 CIC/1983 Ein Austritt aus der Gemeinschaft der Kirche ist nach dem *kanonischen* Recht nicht vorgesehen.

Hier liege keine «noch offene Frage» vor.[28] Würde das bedeuten, dass die von der Kommission als möglich in den Blick genommene Kirchengemeinschaft letztlich an diesem Punkt scheitern müsste.[29]

Die Kommission hat die als «noch offene Fragen» bezeichneten Themenkomplexe im Blick auf eine mögliche römisch-katho-

28 Das dürfte allerdings auch für viele auf altkatholischer Seite gelten.

29 In diesem Zusammenhang ist darauf hinzuweisen, dass die Lehre der nur Männern vorbehaltenen Priesterweihe zur neuen zweiten Kategorie der definitiv zu haltenden Wahrheiten und ihrer entsprechenden Zustimmungsakte gehört, die 1998 Papst Johannes Paul II. mit dem Apostolischen Schreiben «Ad tuendam fidem» in das kanonische Recht eingefügt hat (can. 750 § 2 CIC/1983 bzw. can. 598 § 2 CCEO) – dies in Anpassung an die 1989 vorgeschriebene neue Formel der «Professio fidei» und des Treueids, der bei der Übernahme eines kirchlichen Amtes abzulegen ist. Es handelt sich bei dieser zweiten Kategorie um Wahrheiten, die «nicht geoffenbarte oder noch nicht ausdrücklich als geoffenbart erkannte Elemente» des Glaubensgutes darstellen; wer sie leugnet, «steht [...] nicht mehr in der vollen Gemeinschaft mit der katholischen Kirche». Vgl. *Kongregation für die Glaubenslehre*, Stellungnahmen 13 f.19 f.23 f. In gewisser Spannung zu dieser Aussage steht der Umstand, dass gemäss den neu eingefügten Strafbestimmungen nur Delikte aus dem primären Offenbarungsbereich (can. 750 § 1) zur Tatstrafe der Exkommunikation führen, während jene aus dem sekundären Offenbarungsbereich zusammen mit der dritten Verbindlichkeitsstufe nach can. 1371 § 1 (dort ausdrücklich zusammengefasst) einer *iusta poena puniatur*-Regelung nach Verwarnung unterliegen. (Ebenso «endgültig zu halten» ist übrigens die Erklärung des Apostolischen Schreibens «Apostolicae Curae» von Papst Leo XIII. über die Ungültigkeit der anglikanischen Weihen; vgl. a. a. O. 24. Mit welcher theologischen Erkenntnis- und Prinzipienlehre dies begründet werden kann, bleibt mir nach wie vor rätselhaft.)
Vgl. zum ganzen Vorgang etwa *Hünermann*, Herausbildung; *Chiron*, Catégorie; *Wolf*, «Wahr ist»; *Kuhn*, Vorrang, der «die geforderte neue kirchlich unfehlbare Wahrheitsstufe [...] als eine Art Selbstermächtigungsgesetz (can. 750 § 2 des römischen Lehramts)» qualifiziert, das in den CIC/1983 eingefügt worden ist (S. 80). Ich nenne diesen Beitrag, weil sich aus der zitierten Literatur der Eindruck nahelegt, es könnte die Frage der Weihe von Frauen zum priesterlichen Dienst von der römischen Glaubenskongregation als eine Art *Schibboleth* für die Ekklesialität einer Kirche betrachtet werden, und zwar isoliert von anderen, m. E. grundlegenderen ekklesialen Kriterien des Glaubens-, Gottesdienst- und Amtsverständnisses.

lisch–altkatholische Kirchengemeinschaft identifiziert. Dennoch möchte ich nun, der anfangs genannten Fragestellung meines Referats entsprechend, fragen: Wie würden sich andere Kirchen zu diesen Themenkomplexen und ihrer Gewichtung als «noch offene Fragen» verhalten, sollten sie dazu kommen, in den «hier dargelegten Überlegungen [...] ein Modell für eine Kirchengemeinschaft mit Rom» (4) zu sehen? Ich denke, dass die ekklesiologische (genauer: die universal-primatiale) und die mariologische Thematik wohl bei allen Kirchen eine Rolle spielen wird, die sich auf das Kirchenverständnis einlassen, das in den «grundlegenden Übereinstimmungen» skizziert wird. Diesbezüglich sind insbesondere vom orthodox–römisch-katholischen Dialog für die Fortsetzung unseres Dialogs aufschlussreiche Ergebnisse zu erwarten: Da steht ja nicht nur die Frage eines für beide Seiten akzeptablen universalen Primats zur Debatte, sondern auch die Frage der Dogmatisierungen von 1854 und 1950, die als solche von orthodoxer Seite auch abgelehnt werden – und dies ungeachtet eines allgegenwärtigen Gedenkens der Theotokos in Liturgie und Frömmigkeitspraxis. Hinsichtlich der Frauenordination wird das freilich nicht in analoger Weise der Fall sein, da sich hier ja keine Annäherung divergenter offizieller Positionen aufdrängt: Beide Seiten stehen der Ordination von Frauen zum priesterlichen Dienst ablehnend gegenüber.[30] Insofern könnte

30 Der in der Frage des kirchlichen Amtes zunächst gemeinsame Ausgangspunkt zwischen den offiziellen römisch-katholischen und auch gewichtigen ostkirchlichen Stellungnahmen einerseits und den altkatholischen Aussagen im Kommissionsbericht wird dort interpretationsbedürftig, wo in letzterem im Blick auf die bisherige Praxis der katholischen Kirche eingeräumt wird, dass diese «eine Ordination von Frauen zum priesterlichen Amt nicht kannte» (64). Es wird also nicht mit möglicherweise doch vorhandenen biblischen oder altkirchlich-historischen Belegen – von denen dann vielleicht diejenigen ausscheiden müssten, die diese Praxis verurteilend referieren – argumentiert. Vgl. auch *Kretschmar*, Ämter 189: «[...] ich denke, [...] dass es für uns selbst wichtig sein kann, diese unbestreitbar aller bisherigen kirchlichen Tradition widersprechende neue Ordnung in dem zu begründen, was gemeinsamer Glaube der Christenheit ist, und sich mancher, nach meiner Überzeugung

sich die erwähnte Tendenz zu einer Blockierung des Weges in Richtung Kirchengemeinschaft verstärken – es sei denn, dass die altkatholische Seite in der ablehnenden Position einleuchtende Gründe zu entdecken beginnt oder aber den Wert der Gemeinschaft, des Friedens der Kirche, stärker zu gewichten gedenkt …

Dazu eine kurze, aber wichtige Ergänzung: In der Utrechter Union sind Kirchen vereinigt, die die Praxis der Ordination von Frauen zum priesterlichen Dienst kennen, und solche, die sie nicht annehmen.[31] Die Differenz wird also als nicht notwendi-

---

vorschnellen Argumente zu entschlagen. Ich denke, dass auf die Dauer die Wirklichkeit der geistlichen Erfahrungen durch diesen Dienst von Frauen in der Kirche für unsere orthodoxen Partner überzeugender sein wird als manche schwierige und ihrerseits auch oft hinterfragbare exegetische Behauptung.»

31 Es würde zu weit führen, hier die relativ lange Debatte in denjenigen altkatholischen Kirchen, die sich für die Weihe von Frauen zum priesterlichen Dienst entschieden haben, zu dokumentieren und dabei diejenigen Argumentationen herauszustellen, die m. E. unabhängig von historischen Ermessensurteilen, die umstritten bleiben, von theologischem Gewicht sind; vgl. *von Arx*, Debatte, sowie die Beiträge von altkatholischen und orthodoxen Theologen und Theologinnen im Rahmen einer bilateralen Konsultation: *von Arx/Kallis* (Hg.), Bild Christi und Geschlecht; ferner *Berlis*, Ordination. Damit vergleichbare Fragestellungen und Perspektiven im Blick auf die patristische Tradition mit ihrem Erbe der kulturell androzentrischen antiken Welt finden sich auch bei Autoren wie *Legrand*, Femmes; *Karras*, Theologies. Einen anderen Argumentationsstil bezeugen dagegen die z. B. von *Hauke*, Weihesakrament, und *Voderholzer*, Geschlechterdifferenz, referierten römisch-katholischen Theologen.

In diesem Zusammenhang ist aber noch ein anderer Gesichtspunkt zu erwähnen: Die lange Debatte in den altkatholischen Kirchen liess auch so etwas wie ein gemeinsames Glaubensbewusstsein der Gläubigen (*sensus fidelium*) in Sicht treten. Von dieser Glaubensartikulation ist im Kommissionsbericht, wie oben S. 26 erwähnt, unter dem Stichwort «Zusammenwirken der Bezeugungsinstanzen [des Glaubens]» die Rede (23). Wie sich dieses Zusammenwirken in kontroversen Fragen vollzieht, wo überdies die Anwendung der Unterscheidung «Glaube» (kein Gegenstand einzelkirchlicher Entscheidungen) und «Disziplin» (kontextuell einzelkirchlich veränderbar) ihrerseits umstritten ist, bleibt zwischen unseren beiden Kirchen noch ungeklärt. Zudem gibt es dazu auf altkatholischer Seite meines gerweise kirchentrennend angesehen;[32] sie wird insofern respektiert, als altkatholische Priesterinnen keine ihrem Amt entsprechende liturgische Aufgabe in einem Gottesdienst der betreffenden Kirche übernehmen. Eine analoge Sicht lässt der Kommissionsbericht in Nr. 82 erkennen.

Wissens keine ekklesiologisch orientierte Arbeit, die diese Frage abseits des nicht unproblematischen Topos «Demokratisierung der Kirche» aufgreift. Einen Ansatz bietet möglicherweise der unveröffentlichte Text der Christkatholisch–Römisch-Katholischen Gesprächskommission (CRGK) «Die Unfehlbarkeit der Kirche» aus dem Jahr 1992.

Es gibt zu dieser Problematik auch auf römisch-katholischer Seite verschiedene Stimmen: So formuliert etwa M. Hauke unter Verweis auf «Lumen Gentium» Art. 12: «Die Bedeutung des kirchlichen Lehramtes ist nicht relativierbar, indem man ihm auf gleicher Ebene die wissenschaftliche Theologie und den Glaubenssinn des Gottesvolkes (*sensus fidelium*) entgegenstellt»; vgl. *Hauke*, Weihesakrament 70. Offener, aber nicht im Blick auf die Frage der Frauenordination, formuliert im Rahmen seiner beachtenswerten Ausführungen über das Wesen der kirchlichen Synodalität und des Amtes des Bischofs in seiner Ortskirche und im ortskirchlichen Presbyterium E. Corecco: «Als mögliche rechtliche Ausdrucksgestalt einer in der Verfassungsstruktur der Kirche liegenden Dynamik erhält das beratende Stimmrecht [von Presbyterium und Laien gegenüber dem Bischof ihrer Ortskirche] eine Bedeutung, die der des beschliessenden Stimmrechts sehr nahekommt [...] Das gemeinsame Priestertum und der ‹sensus fidei› haben dabei nicht die Aufgabe, das Amtspriestertum zu unterstützen, sondern die, das eigene Zeugnis und die eigene Meinung über Glauben und Sitten zum Ausdruck zu bringen»; vgl. *Corecco*, Synodalität 399 mit Anm. 26. Was das alles für das Glaubenszeugnis einer *Ortskirche* bedeuten könnte, das der achtsam hörende Bischof in seiner Verantwortung auf der Ebene des vom Papst geleiteten Bischofskollegiums der *Gesamtkirche* zu artikulieren und einzubringen hat, ist mir allerdings nicht klar geworden (vgl. auch *ders.*, Bischof).

Weitere Perspektiven und Positionen zum Thema finden sich bei: *Wiederkehr*, Glaubenssinn; *Ohly*, Sensus fidei; *Burkhard*, Sensus fidelium.

32 Als kirchentrennend wurde sie hingegen von der nordamerikanischen Polish National Catholic Church (PNCC) angesehen, die die volle Gemeinschaft mit jeder Gliedkirche der Utrechter Union, die die Frauenordination einführte, automatisch aufhob; dass sie seit 2003 nicht mehr der Utrechter Union angehört, ist die – von ihr selbst nicht eingesehene – Konsequenz dieses Sachverhalts.

7 Die anstehende Arbeit an den «noch offenen Fragen»

Eine Fortsetzung des theologischen Dialogs unserer beiden Kirchen wird sich also zunächst vertieft mit den «noch offenen Fragen» zur Ekklesiologie und zu den Mariendogmen von 1854 und 1950 beschäftigen müssen.

Die *erste* Thematik setzt natürlich bei den «grundlegenden Übereinstimmungen» ein, die ja, wie Nr. 39 rekapituliert, nahelegen, «dass die auf dem Ersten Vatikanum formulierte Lehre des Primats des Papstes, wenn damit der Papst nicht aus der Communio-Struktur herausgelöst wird, nicht mehr das Gewicht einer kirchentrennenden Differenz wie früher haben muss». Die im 5. Kapitel («Der Dienst des Papstes an der Einheit der Kirche und ihrem Bleiben in der Wahrheit», Nrn. 27–33) aufgewiesenen altkatholischen und römisch-katholischen Aussagen erwecken weithin den «Eindruck eines unversöhnlichen Gegensatzes». Hier liegt eine Spannung vor, die auch in den «noch offenen Fragen zur Ekklesiologie» (44–47) begegnet. Sie wird dadurch etwas vermindert, dass der Text – einmal als römisch-katholische Aussage (33), dann als gemeinsame Aussage (43) – die Berechtigung mancher Bedenken gegen die Lehre des päpstlichen Primats einräumt bzw. auf den Aufruf von Papst Johannes Paul II. in der Enzyklika «Ut unum sint» aus dem Jahr 1995 (vgl. auch das Vorwort des Kommissionsberichts) verweist. Dieser fordert (wie eingangs erwähnt) die anderen Kirchen auf, sich an einem Dialog über eine ökumenisch akzeptable Form der Ausübung des Primats zu beteiligen. Diese seine Bitte zeigt doch wohl – es sei nochmals betont –, dass auch seiner Einschätzung nach die diesbezüglichen Aussagen von Texten des Zweiten Vatikanischen Konzils und die verschiedenen kirchenrechtlichen Umsetzungen dies noch nicht zu leisten vermögen. Und Lehre und Praxis (Ausübung) bedingen ja einander.

Auf die Differenzpunkte im Einzelnen einzugehen, würde den vorgegebenen Rahmen sprengen. Letztlich haben sie direkt und indirekt mit dem zu tun, wofür zusammenfassend der Ausdruck

«Jurisdiktionsprimat» steht, was wiederum auf ein bestimmtes Kirchenverständnis verweist.[33]

Ein Punkt sei hier – im Sinn eines Nachtrags für die vorliegende Veröffentlichung – doch aufgegriffen. Unser Text sagt von der Ortskirche, sie sei eine Vergegenwärtigung der einen, heiligen, katholischen und apostolischen Kirche, von der das ökumenische Glaubenssymbol von Nizäa-Konstantinopel spricht – und zwar unter der Voraussetzung, dass sie mit anderen Ortskirchen in Gemeinschaft steht, von denen dasselbe gilt (16–19). Was also die einzelnen Ortskirchen im Sinn einer identitäts- und einheitsstiftenden Grösse verbindet und auch die universale Gemeinschaft der Ortskirchen begründet, ist eine vom Geist Gottes bewirkte Wirklichkeit, die jeder Ortskirche und deren universaler Gemeinschaft inhäriert. Die sichtbaren Kennzeichen dieser Wirklichkeit sind der gemeinsame Glaube und die gemeinsamen Grundformen des sakramental-liturgischen Lebens und der kirchlichen Ordnung. Diese Sicht lässt sich der Auffassung gegenüberstellen, wonach es die universale Kirche in der Gestalt des Amtes des Nachfolgers des Petrus ist, die jeder «Teilkirche» (in «ontologischer Priorität»?) inhäriert und deren Kennzeichen der je und je zu aktualisierende kanonische Gehorsam aller Glieder der Kirche gegenüber seinem umfassenden Dienst an der Einheit sei. Die volle und sichtbare Gemeinschaft unter den Ortskirchen wird also durch die Gemeinschaft mit dem Papst als dem Haupt des Bischofskollegiums begründet. Wie weit sich hier – evtl. erst in der weiteren theologischen Entfaltung und kirchenrechtlichen Umsetzung erkennbar – unausgleichbare Perspektiven gegenüberstehen, wird weiter zu untersuchen sein.[34]

33 Vgl. näheres bei *von Arx*, Kehrtwende?, bes. 40–47; *Urban*, «Kirche und Kirchengemeinschaft», bes. 69–78.

34 Vgl. das im Kommissionsbericht Kleingedruckte bei Nrn. 19, 45 und 46 und dazu die «Considerazione della Congregazione per la Dottrina della Fede» mit dem Titel «Il Primato del Successore di Pietro nel Mistero della Chiesa» in: Il Primato 493–503; deutsch in: *Müller*, Primat 19–28. Dabei fällt auf, dass sich unter den Texten, auf die in den Anmerkungen hingewiesen wird – sie

Zur *zweiten* Thematik will ich hier nur Folgendes sagen: Problematisch ist im Blick auf eine römisch-katholische–altkatholische Kirchengemeinschaft in erster Linie, dass die altkatholische Seite die beiden Mariendogmen von 1854 und 1950 *explizit verworfen* hat: das erste in der Utrechter Erklärung von 1889, das zweite in einer Erklärung der Internationalen Altkatholischen Bischofskonferenz (IBK) aus dem Jahr 1950. Die Christkatholisch–Römisch-Katholische Gesprächskommission in der Schweiz (CRGK) will sich damit beschäftigen, wie in dieser Thematik weiterzukommen ist. Eine gewisse Hilfe können dazu auch die Ergebnisse und Referate der 40. Internationalen Altkatholischen Theologenkonferenz aus dem Jahr 2008 leisten.[35] Was die altkatholische Seite – abgesehen von den Akten der Dogmatisierungen durch den Papst – heute im Blick auf eine weitgehend liturgisch orientierte Praxis[36] zur Gestalt der Gottesmutter sagen kann,

---

stammen zum grössten Teil aus der Zeit von 1870 bis 1995 –, kein Dokument aus der doch vielfältigen bilateralen Dialogkultur der römisch-katholischen Kirche findet. Das trägt zum Eindruck einer (defensiven?) Selbstreferentialität in der ökumenisch sensiblen Primatsmaterie bei, was mit dem päpstlichen Aufruf in «Ut unum sint» befremdlich kontrastiert; aus der Ökumene eingegangene Antworten auf die im Mai 1995 veröffentlichte Enzyklika brauchten bei dem bereits im Dezember 1996 in Rom veranstalteten Symposium der Glaubenskongregation, in dessen Zusammenhang die «Considerazione» entstanden, gar nicht erst abgewartet zu werden. Die im letztgenannten Buch abgedruckten systematisch orientierten Studien, die sich als Kommentare zu den «Überlegungen» verstehen, lassen zudem erkennen, wie sehr die Anfragen einer hinsichtlich Synodalität oder auch Subsidiarität irgendwie explizit festgelegten und daher allenfalls einklagbaren Beschränkung der «vollen und höchsten Vollmacht» des römischen Bischofs als für die Einheitsaufgabe bedrohlich beurteilt und daher abgewehrt werden. Das erinnert an die Debatten auf dem Ersten Vatikanischen Konzil. Ökumenische Stimmen zum Problemkreis päpstlicher Primat begegnen in der letzten Studie (von Nicola Bux), werden dort aber eher abqualifiziert. Deutlich anders präsentiert sich die Dokumentation unter dem Titel «Petrine Ministry», die für die Plenaria des Einheitsrates vom November 2001 zusammengestellt wurde.

35 Vgl. IKZ 99 (2009) 1–105; ferner auch *Esser*, Mariendogmen.

36 Sie vollzieht sich in der Eucharistiefeier oder in Tagzeiten als unterschiedlich ausgestaltete Kommemoration im Rahmen des Liturgischen Jahres,

dürfte ja kaum als unüberbrückbare Differenz wahrgenommen werden.[37]

8 Zu den nicht-theologischen Faktoren des Rezeptionsprozesses

Ich habe mich bisher auf die theologischen Fragen im engeren Sinn beschränkt. Sollten aber beide Kirchen den Weg auf eine Kirchengemeinschaft hin ernsthaft weiterbeschreiten, so sind wohl ebenso, wenn nicht noch ausführlicher, so genannte nicht-

---

aber – zumindest in den westeuropäischern Kirchen – kaum in Form von Andachten, Rosenkranzgebeten oder Pilgerfahrten.

In diesem Zusammenhang ist auf folgenden vom Autor im Blick auf den anglikanisch–römisch-katholischen Dialog über die Gottesmutter Maria (Mary, Grace and Hope in Christ. An Agreed Statement, 2005) berichteten Vorgang in der (unierten) Ukrainisch-Katholischen Kirche zu verweisen, wonach die vom Dogma von 1854 behauptete Sündlosigkeit Marias im Sinn der östlichen Tradition anerkannt wird, aber die theologische Argumentation mit der Erbsündenlehre nicht rezipiert werden muss; vgl. *Sisto*, Marian Dogmas.

37 Für den aussenstehenden Beobachter mögen allerdings noch ganz andere Fragen im Raum stehen, so etwa die von Gottfried Locher in seinem Votum aufgeworfene und an die Altkatholiken gerichtete Frage nach der Vereinbarkeit der im Dialog zwischen Rom und der Utrechter Union gemeinsam vertretenen Positionen mit den «Überlegungen zur Realisierung weiterer Schritte auf dem Weg zu sichtbaren Kirchengemeinschaft von Alt-Katholischer Kirche in Deutschland und Vereinigter Evangelisch-Lutherischer Kirche». Dieser wurden am selben Tag, an dem die Luzerner Tagung stattfand, in Bonn aus Anlass des 25-Jahr-Jubiläums der 1985 zwischen der Evangelischen Kirche in Deutschland (EKD) und dem Katholischen Bistum der Alt-Katholiken in Deutschland getroffenen «Vereinbarung über die gegenseitige Einladung zur Teilnahme an der Feier der Eucharistie» vorgestellt. Hier bestehen inneraltkatholisch zwischen der Utrechter Union bzw. der Internationalen Altkatholischen Bischofskonferenz und der deutschen altkatholischen Kirche in der Tat bisweilen irritierende, nicht leicht aufzuarbeitende Differenzen über den Zusammenhang von Eucharistie- und Kirchengemeinschaft; vgl. dazu IKZ 101 (2011) 148.

theologische Faktoren wie auch «noch offene Fragen» zur Sprache zu bringen.[38]

Was für eine Rolle sie spielen, zeigen zum Beispiel erste Reaktionen auf das, was in den Nrn. 83–86 steht: «Altkatholische Vorstellungen zur Gestalt einer möglichen Kirchengemeinschaft». An sich sind diese Vorstellungen ja eher defensiv gehalten: Für die Gemeinschaft mit dem Papst sollen nicht die institutionellen Vorgaben und Regelungen des westlichen und des östlichen Kirchenrechts (CIC/1983 und CCEO) das Modell sein (86); die liturgisch-kanonischen Strukturen der Utrechter Union und ihrer Gliedkirchen samt ihren ökumenischen Verpflichtungen sollen gewahrt bleiben (83). Da ist noch sehr viel kreative Reflexion vonnöten, wenn es darum geht, zu versuchen, diese Kirchengemeinschaft konkret umzusetzen. Was nämlich ihre konkrete Gestalt oder ihre Zuordnung zu den gängigen diskutierten Modellen[39] anbelangt, bleibt der Kommissionsbericht ja einigermassen vage; der Begriff Kirchengemeinschaft wird nirgends definiert. Ich kann mir vorstellen, dass wiederum der orthodox–römisch-katholische Dialog hierzu wertvolle Überlegungen liefert, auch wenn klar ist, dass die Utrechter Union von ihrer Herkunft her – sie gehört historisch gesehen zur lateinischen Christenheit – nicht einfach mit der Ostkirche verglichen werden kann. Aber soll das im Ansatz entfaltete Kirchenmodell ein Anstoss für andere Kirchen sein, kann es sich bei der

38 Neben den im Kommissionsbericht thematisierten theologischen Fragen und den angedeuteten nicht-theologischen Faktoren wären wohl auch die schwierigen, die Kirchen intern umtreibenden Fragen hinsichtlich einer ethisch unterscheidend christlichen Lebenspraxis angesichts sich wandelnder gesellschaftlicher Auffassungen über die menschliche Sexualität sowie neuer biotechnologischer Entwicklungen in einem weiteren Dialogprozess zu berücksichtigen – freilich stets im Horizont der komplexen Frage, was wirklich kirchentrennend ist bzw. sein muss und was nicht.

39 Vgl. etwa *Koslowski*, Einheit 41–337. Abgesehen von der Frage nach Modellen besteht bei den «altkatholischen Vorstellungen» eine partielle Nähe zu den Schlussfolgerungen in Joseph Ratzingers 1969 veröffentlichten Arbeit über Primat und Episkopat, in: *Ratzinger*, Volk Gottes 142–144.

konkreten Umsetzung nicht um etwas handeln, das der Sache nach doch eine «Rückkehr-Ökumene» ist, mit welcher Einheits-Rhetorik sie auch verpackt wird.

Nun aber zu den Reaktionen: Manche manifestieren zunächst spontan Unwillen: «Warum sollen wir (wieder) römisch werden?» – das könnte als eine Art Leitmotiv verschiedenster Äusserungen gelten. Das sagen Menschen, deren Familien seit Generationen altkatholisch sind, aber auch solche, die erst beigetreten sind und, wenn sie aus der römisch-katholischen Kirche kommen, befürchten, vom Regen in die Traufe zu geraten. Was alles an persönlichen Verletzungen bis hin zu kolportierten Klischees über den sich nie ändernden Machtanspruch Roms vorliegt, kann sich mit dem verbinden, was aus den Medien zu erfahren ist: Dann entsteht ein Interpretationsrahmen für den Dialogtext, der dann vielleicht gar nicht mehr sorgfältig gelesen wird. In diesem Sinn haben die 2009 erfolgten Avancen Papst Benedikts XVI. gegenüber den Pius-Brüdern und gegenüber mit ihrer Kirche unzufriedenen Anglikanern unglücklicherweise dazu beigetragen, dass unser Dialog als eine Art päpstlicher Umarmungsversuch interpretiert wurde. Das hat auf christkatholischer Seite Misstrauen geweckt. Wie immer diese Avancen zu verstehen sind, unser Dialog zielt letztlich auf eine andere Form von Kirchengemeinschaft.

Für die Zukunft des Dialogs ist entscheidend wichtig, dass auf lokaler Ebene in den einzelnen Ländern mit einer Präsenz der Utrechter Union regelmässige Begegnungen stattfinden – mit Laien und Geistlichen. Diese Begegnungen müssen von engagierten und sensiblen Menschen auf eine kohärente Weise organisiert werden. Sensibel deshalb, weil es eben gilt, die nichttheologischen Faktoren irgendwie zu bearbeiten. Sie bestehen ja auf beiden Seiten, nicht nur auf der altkatholischen, wo sich ein antirömischer Affekt immer noch leicht entzünden kann. Einer besonderen Sorge bedarf im Verhältnis zwischen Römisch-Katholiken und Christkatholiken zudem der Umstand, dass letztere eine verschwindend kleine Minorität sind und auf Ignorierung verletzt reagieren, was Angehörige einer Majorität nur schwerlich nachempfinden können.[40]

Um Aufarbeitung einer Vergangenheit geht es, wenn es im Text «Reinigung des Gedächtnisses» (3) heisst: Sie verlangt eine Beharrlichkeit des gegenseitigen Vertrauens. Der Dialogtext spricht wiederholt von einer – in der Ökumene allenthalben geforderten – «Hermeneutik des Vertrauens» (Vorwort, 3 f.). Vertrauen ist nicht Blauäugigkeit, aber in einer Atmosphäre von Angst und Misstrauen können Vertrauen und freimütiges Reden nicht wachsen. Und Beharrlichkeit darf sich nicht von dem entmutigen lassen, was in den Kirchen von offizieller Seite oder von Einzelpersonen allenfalls an Störpotenzial produziert wird.

Literaturverzeichnis

Berlis, Angela: Women's Ordination in the Old Catholic Churches of the Union of Utrecht, in: *Jones, Jan u. a. (Hg.):* Women and Ordination in the Christian Churches: International Perspectives. London: Continuum, 2008, 144–154.

Braaten, Carl E./Jenson, Robert W. (Hg.): Church Unity and the Papal Office. An Ecumenical Dialogue on John Paul's II Encyclical *Ut Unum Sint* (That All May Be One). Grand Rapids MI: Eerdmans, 2001.

Burkhard, John J.: Sensus fidelium, in: *Mannion, Gerard/Mudge, Lewis S. (Hg.):* The Routledge Companion to the Christian Church. New York: Routledge, 2008, 560–575.

Chapman, Mark D.: An Anglican View of the Office of the Papacy, in: IKZ 100 (2010) 115–137.

40 In diesem Zusammenhang ist auch zu erwähnen, dass es in den Niederlanden und in der Schweiz (wie auch in Polen) – anscheinend anders als in Deutschland oder Österreich – seit Längerem mehr oder weniger institutionalisierte und regelmässige bilaterale Kontakte auf verschiedenen Ebenen bis hin zu Bischöfen gibt, was auch zu einem atmosphärisch guten Verhältnis geführt hat.

Chiron, Jean-François: La catégorie du «définitif» et la référence à l'infaillibilité dans les derniers documents du Magistère romain, in: *Routhier, Gilles/Villemin, Laurent (Hg.):* Nouveaux apprentissages pour l'Église (FS Hervé Legrand). Paris: Cerf, 2006, 417–435.

Conzemius, Victor: Katholizismus ohne Rom. Die altkatholische Kirchengemeinschaft. Zürich: Benziger, 1969.

Corecco, Eugenio: Das Wesen der Synodalität, in: *ders.:* Ordinatio fidei. Schriften zum kanonischen Recht. Hg.: Gerosa, Libero/Müller, Ludger. Paderborn: Schöningh, 1994, 380–401.

Corecco, Eugenio: Der Bischof als Haupt der Ortskirche und Wahrer und Förderer der örtlichen Kirchendisziplin, in: *ders.:* Ordinatio fidei. Schriften zum kanonischen Recht. Hg.: Gerosa, Libero/Müller, Ludger. Paderborn: Schöningh, 1994, 269–281.

Drumm, Joachim: Art. «Communio.I. Systematisch-theologisch», in: LThK[3] 2. Freiburg i. Br.: Herder, 1994, 1280–1283.

Église et communion ecclésiale. Rapport de la commission mixte internationale catholique-romaine – vieille-catholique, in: Ist. 57 (2012) 45–102.

Esser, Günter: Mariendogmen, Frauenordination und kirchenrechtliche Perspektiven als «offene Fragen» im Bericht «Kirche und Kirchengemeinschaft», in: IKZ 100 (2010) 51–61.

Groupe des Dombes: Le ministère de communion dans l'Eglise universelle. Paris: Centurion, 1986.

Gruppe von Farfa Sabina: Gemeinschaft der Kirchen und Petrusamt: Lutherisch-katholische Annäherungen. Frankfurt a. M.: Lembeck, 2010.

Hauke, Manfred: Das Weihesakrament für die Frau – eine Forderung der Zeit? Zehn Jahre nach der päpstlichen Erklärung «Ordinatio sacerdotalis» (Respondeo 17). Siegburg: Schmitt, 2004.

Hünermann, Peter: Die Herausbildung der Lehre von den definitiv zu haltenden Wahrheiten seit dem Zweiten Vatikanischen Konzil, in: CrSt 21 (2000) 71–100.

Il primato del successore di Pietro. Atti del simposio teologico, Roma, 2–4 dicembre 1996 (Atti e Documenti 7). Città del Vaticano: Libreria Editrice Vaticana, 1996.

Jezierski, Jacek (Hg.): Dialog ekumeniczny: Rzym – Kościoły Unii Utrechckiej (2009). Olsztyn: Warmińskie Wydawnictwo Diecezjalne, 2013.

Karras, Valerie A.: Orthodox Theologies of Women and Ordained Ministry, in: *Papanikolaou, Aristotle/Prodromou, Elizabeth H. (Hg.):* Thinking through Faith. New Perspectives from Orthodox Christian Scholars. Crestwood NY: SVSP, 2008, 113–158.

Kasper, Walter (Hg.): The Petrine Ministry. Catholics and Orthodox in Dialogue: Academic Symposium held at the Pontifical Council for Promoting Christian Unity. New York: Newman Press, 2006.

Kerk en kerkelijke gemeenschap: Verslag van de internationale Rooms-katholieke / Oud-katholieke dialoogcommissie, in: Kerkelijke Documentatie 37 (2009), Nrn. 9–10, 21–78 [inkl. Anhang].

Kijas, Zdzisław J.: Der Dialog zwischen der Römisch-Katholischen und der Altkatholischen Kirche auf internationaler Ebene (2004–2009), in: IKZ 102 (2012) 180–202.

Kirche und Kirchengemeinschaft: Bericht der Internationalen Römisch-Katholisch–Altkatholischen Dialogkommission. Paderborn/Frankfurt a. M.: Bonifatius/Lembeck, [1]2009, [2]2010 [ohne den Anhang, aber mit entsprechenden bibliografischen Angaben, wiederabgedruckt in: *Johannes Oeldemann u. a. (Hg.):* Dokumente wachsender Übereinstimmung. Sämtliche Berichte und Konsenstexte interkonfessioneller Gespräche auf Weltebene, Bd. 4: 2001–2010. Paderborn: Bonifatius/ Leipzig: Evangelische Verlagsanstalt, 2012, 19–52].

Kongregation für die Glaubenslehre: Lehramtliche Stellungnahmen zur «Professio fidei» (VApS 144). Bonn: Deutsche Bischofskonferenz, 1998.

Kościół i Wspólnota Kościelna: Raport Międzynarodowej Rzymsko-katolicko–Starokatolickiej Komisji Dialogu (2009), in: Studia i Dokumenty Ekumeniczne 27 (2011) 65–105 [inkl. Text 7 aus dem Anhang].

Koslowski, Jutta: Die Einheit der Kirche in der ökumenischen Diskussion: Zielvorstellungen kirchlicher Einheit im katholisch–evangelischen Dialog (Studien zur systematischen Theologie und Ethik 52). Münster: Lit, 2008.

Kretschmar, Georg: Ämter und Dienste im ganzen Gottesvolk im Dialog mit der orthodoxen Kirche [Erstveröffentlichung 1989], in: *ders.:* Das bischöfliche Amt: Kirchengeschichtliche und ökumenische Studien zur Frage des kirchlichen Amtes. Hg.: Wendebourg, Dorothea. Göttingen: Vandenhoeck&Ruprecht, 1999, 173–190.

Kuhn, Karl-Christoph: Vorrang pastoraler oder dogmatischer Kirchenstruktur, in: SKZ 178 (2010) 79–80.85–86.113–116.

Larentzakis, Grigorios: Das Papstamt in orthodoxer Sicht, in: IKZ 100 (2010) 80–114.

Legrand, Hervé: Les femmes sont-elles à l'image de Dieu de la même manière que les hommes? Sondages dans les énoncés de quelques Pères grecs, in: NRTh 128 (2006) 214–239 [auch in: *Pesch, Otto Hermann/van Cangh, Jean-Marie (Hg.):* L'homme, image de Dieu: Données bibliques, historiques et théologiques. Paris: Cerf, 2006, 49–77].

Lüning, Peter u. a.: Der Dienst des Bischofs von Rom an der Einheit der Christen. Reaktionen auf die Einladung des Papstes zum Dialog über die Form der Primatsausübung nach Ut unum sint von 1995: Forschungsbericht, in: Cath(M) 55 (2001) 269–309.

Lüning, Peter: Universal Episkopē and the Papal Ministry. A Critical Overview of Responses to *Ut unum sint*, in: *Puglisi, James P. (Hg.):* How Can the Petrine Ministry Be a Service to the Unity of the Universal Church. Grand Rapids MI: Eerdmans, 2010, 232–250.

Meyer, Harding u. a. (Hg.): Dokumente wachsender Übereinstimmung. Sämtliche Berichte und Konsenstexte interkonfessioneller Gespräche auf Weltebene, Bd. 1: 1931–1982. Paderborn/Frankfurt a. M.: Bonifatius/Lembeck, ²1991.

Müller, Gerhard Ludwig (Hg): Der Primat des Nachfolgers Petri im Geheimnis der Kirche: Studien der Kongregation für die Glaubenslehre (Römische Texte und Studien 4). Würzburg: Echter, 2010 [Übersetzung von: *Congregazione per la Dottrina della Fede:* Il Primato del Successore di Pietro nel Mistero della Chiesa. Testo e commenti (Documenti e Studi 19). Città del Vaticano: Libreria Editrice Vaticana, 2002].

Ohly, Christoph: Sensus fidei fidelium. Zur Einordnung des Glaubenssinnes aller Gläubigen in die Communio-Struktur der Kirche im geschichtlichen Spiegel dogmatisch-kanonistischer Erkenntnisse und der Aussagen des II. Vaticanum (MThS.K 57). St. Ottilien: EOS, 1999.

Perspectief. Digitaal Oecumenisch Theologisch Tijdschrift (DOTT), Nr. 7, März 2010, 2–23, in: www.kerkpleinamersfoort.nl/pdf/PerspectiefKVO7maart2010.pdf (28.08.2010).

Petrine Ministry, in: Pontifical Council for Promoting Christian Unity – Information Service N. 109 (2002/I–II) 29–42.

Pottmeyer, Hermann J.: Art. «Bischofskollegium.I. Theologisch», in: LThK³ 2. Freiburg i. Br.: Herder, 1994, 493–495.

Puglisi, James (Hg.): How Can the Petrine Ministry Be a Service to the Unity of the Universal Church? Grand Rapids MI: Eerdmans, 2010.

Puglisi, James F. (Hg.): Petrine Ministry and the Unity of the Church: «Toward a Patient and Fraternal Dialogue». Symposium celebrating the 100th anniversary of the foundation of the Society of the Atonement, Rome, December 4–6, 1977. Collegeville MN: Liturgical Press, 1999.

Ratzinger, Joseph: Das neue Volk Gottes: Entwürfe zur Ekklesiologie. Düsseldorf: Patmos, 1969.

Roberson, Ronald G.: Responses to *Ut unum sint*, in: www.nwcu.org/Documents/RonRoberson-Phoenix09.pdf (28.08.2010).

Schuegraf, Oliver: Teufels Gespenst oder Diener der Einheit? Lutherische Annäherungen an das Papstamt, in: IKZ 100 (2010) 138–168.

Sisto, Walter N.: Marian Dogmas and Reunion. What Eastern Catholics can teach us about Catholic ecumenism, in: JES 46 (2011) 150–162.

Suter, Adrian: Vernetzung und Gewichtung christlicher Lehraussagen. Die Vorstellung einer Hierarchie der Wahrheiten und ihre Beziehung zum wissenschaftstheoretischen Selbstverständnis der Theologie (Studien zur systematischen Theologie und Ethik 59). Wien: Lit, 2011.

Urban, Hans Jörg: Das Papsttum: Geschichte, Bedeutung, Widersprüche und Perspektiven, in: *ders.:* «Damit die Welt glaube». Der ökumenische Prozess im Dienst des christlichen Zeugnisses: Gesammelte Beiträge (KKSMI 22). Paderborn: Bonifatius, 2000, 189–206.

Urban, Hans Jörg: «Kirche und Kirchengemeinschaft». Das Ergebnis des internationalen Römisch-Katholisch–Altkatholischen Dialogs und die Perspektiven in der Primatsfrage aus römisch-katholischer Sicht, in: IKZ 100 (2010) 62–79.

Visser Jan: Zur Vorgeschichte und Entstehung des Berichts der Internationalen Römisch-Katholisch–Altkatholischen Dialogkommission, in: IKZ 100 (2010) 6–24.

Voderholzer, Rudolf: Geschlechterdifferenz und Weihevorbehalt, in: *Müller, Sascha/Schuhmacher, Thomas (Hg.):* Antwort: Festschrift Jörg Splett (Wortmeldungen 6). München: Institut zur Förderung der Glaubenslehre, 2006, 129–150 (www.denken-im-glauben.de/Downloads/Ant-Wort.pdf)

von Arx, Urs: Die Debatte über die Frauenordination in den Altkatholischen Kirchen der Utrechter Union, in: *Bock, Wolfgang/Lienemann, Wolfgang (Hg.):* Frauenordination (Studien zu Kirchenrecht und Theologie 3 – TFESG.A 47). Heidelberg: FEST, 2000, 157–200 [auch in: *Buser, Denise/Loretan, Adrian (Hg.):* Gleichstellung der Geschlechter und die Kirchen. Ein Beitrag zur menschenrechtlichen und ökumenischen Diskussion (FVRR 3). Freiburg i. Ue.: Universitätsverlag, 1999, 165–211]

von Arx, Urs/Kallis, Anastasios (Hg.): Bild Christi und Geschlecht. «Gemeinsame Überlegungen» und Referate der Orthodox-Altkatholischen Konsultation zur Stellung der Frau in der Kirche und zur Frauenordination als ökumenischem Problem, in: IKZ 88 (1998) 65–348. Englische Übersetzung «Gender and the Image of Christ», in: AThR 84 (2002) 489–755.

von Arx, Urs/Weyermann, Maja (Hg.): Statut der in der Utrechter Union vereinigten altkatholischen Bischöfe, in: Beiheft zu IKZ 91 (2001) 12–24.

von Arx, Urs: Altkatholische Kehrtwende? Zum Kommissionstext «Kirche und Kirchengemeinschaft», in: IKZ 100 (2010) 25–50.

Walter, Peter: Das Verhältnis von Episkopat und Presbyterat von der Alten Kirche bis zum Reformationsjahrhundert, in: *Sattler, Dorothea/Wenz, Gunter (Hg.):* Das kirchliche Amt in apostolischer Nachfolge, Bd. II: Ursprünge und Wandlungen (DiKi 13). Freiburg i. Br./Göttingen: Herder/Vandenhoeck&Ruprecht, 2006, 39–96.

Weibel, Rolf: Auf dem Weg. Der Dialog zwischen der katholischen Kirche und den Altkatholiken, in: HerKorr 64 (2010) 583–588.

Weibel, Rolf: Einen Familienzwist austragen, in: SKZ 178 (2010) 812–815.

Wiederkehr, Dietrich (Hg.): Der Glaubenssinn des Gottesvolkes. Konkurrent oder Partner des Lehramtes? (QD 151). Freiburg i. Br.: Herder, 1994.

Wolf, Hubert: «Wahr ist, was gelehrt wird» statt «Gelehrt wird, was wahr ist»? Zur «Erfindung» des «ordentlichen» Lehramts, in: *Schmeller, Thomas u. a. (Hg.):* Neutestamentliche Ämtermodelle im Kontext (QD 239). Freiburg i. Br.: Herder, 2010, 236–259.

Bischof Harald Rein

Kopf und Bauch und gegenseitige Wahrnehmung

Praktisch-theologische Überlegungen zum Bericht der Internationalen Römisch-Katholisch–Altkatholischen Dialogkommission von 2009

1 Zu Kopf und Bauch in der Ökumene

Wenn zwei Konfessionen miteinander einen offiziellen Dialog führen, ist es für dessen Verlauf und Rezeption nicht unerheblich, ob die jeweils daran beteiligten Kirchen miteinander eine direkte gemeinsame Vergangenheit und eine damit verbundene komplexe Beziehungsgeschichte haben oder nicht. Daher verläuft zum Beispiel ein anglikanisch–orthodoxer Dialog emotional unkomplizierter als ein anglikanisch–methodistischer und ein altkatholisch–anglikanischer Dialog emotional unkomplizierter als ein altkatholisch–römisch-katholischer. Denn auch wenn man gemeinsam in einer theologischen Fachkommission feststellt, dass eine Annäherung nun wieder sachlich gegeben sei, wirken bei der Rezeption ungute Erfahrungen und negative Gefühle, die in einer gemeinsamen Vergangenheit bzw. auf einem direkten Bruch beruhen, bewusst und unbewusst mit. Indirekt nämlich ist damit die Frage verbunden, ob dieser Dialog überhaupt ein Gespräch zwischen zwei Konfessionen oder eigentlich ein innerkirchlicher Familienzwist zwischen zwei Parteien ist, die in einem Schisma stehen. Es geht sozusagen um das Rückgängigmachen einer Scheidung. Was in den meisten Fällen unmöglich ist. Ich halte es für wichtig, solche irrationalen Hindernisse in ökumenischen Dialogen zu thematisieren.[1] Zumal wenn das Schisma – wie im römisch-katholisch–altkatholischen Fall – für kirchliche Zeitdimensionen noch nicht lange zurückliegt.

1.1 Zum christkatholischen Bauchgefühl

Als Bischof musste ich schmerzlich im Kontext meines Amtsantritts feststellen:[2] Obwohl es zur christkatholischen Programmatik gehört, Einheit zwischen den verschiedenen Kirchen zu stiften, insbesondere altkirchlicher bzw. katholischer Prägung, stiess der Dialogtext,[3] um den es hier geht, und vor allem die durch ihn ins Auge gefasste «Kirchengemeinschaft» bei vielen Christkatholikinnen und Christkatholiken auf emotionalen Widerstand, bevor sie die Texte überhaupt gelesen hatten. 80 Prozent der Mitglieder der Christkatholischen Kirche der Schweiz sind stolz darauf, dass ihre Vorfahren die jeweilige altkatholische Kirchgemeinde mitbegründet haben und für ihren Gewissensentscheid und ihre Opposition gegen das Erste Vatikanische Konzil grosse persönliche und materielle Opfer brachten; bis hin zum totalen Bruch mit dem Teil der Familie, der aus entgegengesetzter Überzeugung römisch-katholisch blieb.

Hinzu kam, dass sich kirchliche und politische Ereignisse im Kulturkampf überschnitten. In vielen Dörfern teilten sich nicht nur die katholische Kirchgemeinde, sondern auch der Chor, die Musikgesellschaft und die Feuerwehr in «Rote» und «Schwarze». Die Zusammensetzung des politischen Gemeinderates ging lange nicht nach Parteien, sondern nach dem Bevölkerungsanteil der beiden Kirchgemeinden, insbesondere im aargauischen Fricktal. Und es brauchte fast 100 Jahre, bis profane Überlegungen und Notwendigkeiten dort Änderungen herbeiführten. Ich habe selbst noch als junger Pfarrer in ländlicher Gegend 1984 erlebt,

1 Vgl. *Müller*, Ökumene.

2 Siehe *Herren*, Christkatholiken; *Rein*, Quo vadis?

3 Vgl. *Internationale Römisch-Katholisch–Altkatholische Dialogkommission*, Kirche und Kirchengemeinschaft.

dass der erste ökumenische Gottesdienst zwischen Altkatholiken und Römisch-Katholiken am Bettag in der Turnhalle stattfand, weil man jeweils nicht in die Kirche des anderen wollte.

Zu diesen geborenen Christkatholiken kommen die 20 Prozent hinzu, die beigetreten sind und grösstenteils aus der römisch-katholischen Kirche stammen. Diese Konfessionswechsel gehen meist auf biografische Ereignisse zurück, die zu negativen, teils schmerzlichen Erfahrungen mit der ursprünglichen Religionsgemeinschaft geführt haben, z. B. bei der Wiederheirat nach einer Scheidung oder dem Heiratswunsch von Geistlichen. Gemeinsam ist allen nicht nur die Suche nach einer neuen kirchlichen Heimat, sondern auch der emotionale Bruch mit der römisch-katholischen Kirche, die man ja eigentlich nicht verlassen hätte, wenn … Diese Gruppe hat auf den Dialogtext emotional am heftigsten mit Ablehnung reagiert.

Merkwürdig ist auch, dass die Christkatholikinnen und -katholiken folgendes verdrängen: Mit dem Zweiten Vatikanischen Konzil gab es auch bei ihnen eine grosse Euphorie, dass eine Wiedervereinigung bald möglich sei. Der bekannte niederländische altkatholische Theologieprofessor Jan Visser hat die damalige Situation in meinen Worten und in meiner Interpretation so auf den Punkt gebracht: Im Zweiten Vatikanischen Konzil trat der immer unterschwellig vorhanden gewesene «Altkatholizismus» innerhalb der römisch-katholischen Kirche hervor und überholte den einstmals progressiven Altkatholizismus (also die altkatholischen Kirchen) und machte ihn zu einer zurückgebliebenen Vorhut; insbesondere in Fragen der Liturgie. «Das historische Gesetz des gebremsten Vorsprungs wurde unser Schicksal.»[4] «Wenn man die spektakulären Reformen nach dem Vatikanum II in der römischen Kirche betrachtet, so ist es erstaunlich, dass ihre Art und ihre Reihenfolge genau den altkatholischen Reformen im 19. Jahrhundert entsprechen.»[5] Und

4 *Visser*, Wichtig 8.

5 Ebd. 9.

der Schweizer christkatholische Bischof und Theologe Urs Küry sagte 1972 in seinem letzten Hirtenbrief, der den Titel trug «Nach hundert Jahren kirchlicher Eigenexistenz der Zukunft entgegen» im Hinblick auf das Zweite Vatikanische Konzil und seine damalige euphorische Rezeption:

> «Wir wagen es, angesichts dieser Entwicklung an das Wort des Baslers Kulturkritikers Jakob Burckhardt zu erinnern: ‹Die Minorität, ob sie siegt oder stirbt, sie allein macht die Weltgeschichte – so auch die Kirchengeschichte.›»[6]

Wahrscheinlich hat die Enttäuschung über die weitere Entwicklung in der römisch-katholischen Kirche nicht nur viele römisch-katholische Christen enttäuscht, sondern auch die altkatholischen Negativgefühle verstärkt. Man fühlte sich ein zweites Mal verstossen.

1.2 Zum römisch-katholischen Bauchgefühl

Mit einem bekannten historischen Beispiel aus Deutschland und einem aktuellen aus der Schweiz versuche ich mich dem mir fremden römisch-katholischen Bauchgefühl zu nähern.

Aus dem Buch von Hans Dieter Zimmermann mit dem Titel «Martin und Fritz Heidegger. Philosophie und Fastnacht»[7] und anderen Quellen wissen wir, wie stark die Familie Heidegger unter dem Kulturkampf zwischen den Altkatholiken und den Römisch-Katholiken im badischen Messkirch litt. Der Vater Heidegger blieb als deren Messmer der römisch-katholischen Kirche treu, aber die Familie litt darunter, dass die altkatholischen Grossbürger und Grossbauern ihnen zu verstehen gaben, dass sie geistig zurückgeblieben seien und obrigkeitshörig und dass die altkatholischen Lehrer die römisch-katholischen Schüler mit dem Spottnamen «schwarze Siechen» belegten. Im Aufsatz

6 *Küry*, Eigenexistenz 4.

7 *Zimmermann*, Heidegger 9–16.

von Peter Matussek «Martin Heidegger. Vorbemerkung: Die Psychodynamik der Persönlichkeit in ihrer Beziehung zum Werk» heisst es:

> «Den Glauben der Herkunft hat Heidegger im antimodernistischen Katholizismus seiner Heimatstadt Messkirch kennengelernt […] In diesen Konflikten erlebte der kleine Martin zum erstenmal den Gegensatz zwischen Tradition und Moderne […]»[8]

Es kann daher nicht verwundern, dass der spätere Philosoph Martin Heidegger von der historischen Gewordenheit jedes Welt- und Selbstverständnisses überzeugt war bzw. dass er alle philosophischen und theologischen Entwürfe nur als eine einseitige Auffassung der Welt und Wirklichkeit betrachtete.

Auch sei auf das Standardwerk «Katholizismus ohne Rom» von Victor Conzemius von 1969 hingewiesen, in dem es im Kontext des Zweiten Vatikanischen Konzils heisst:

> «Die Entfremdung zwischen Römisch-Katholiken und Altkatholiken war in der Vergangenheit erschreckend gross. Die Zeit der Trennung liegt ja noch nicht so weit zurück. Zunächst wurde, wie im Reformationszeitalter, die Periode des theologischen Grobianismus durchschritten. Auf die Periode des gegenseitigen Anrempelns und Verketzerns folgte eine unheilvolle Windstille, in der die eigenen Positionen weiter ausgebaut wurden. Schliesslich nahm man vom andern keine Notiz mehr. Diese Zeit ist heute glücklicherweise überwunden.»[9]

Ist sie wirklich überwunden? Ich denke da z. B. an die Überreaktionen, die auf römisch-katholischer und christkatholischer Seite geschahen, als die römisch-katholische Kirchgemeinde Röschenz BL in einem Konflikt mit dem Bistum Basel aus tak-

8 *Matussek*, Heidegger 49–78 (im Nachdruck 2001: 51–53).

9 *Conzemius*, Katholizismus ohne Rom 137.

tischen Gründen in der Öffentlichkeit über einen etwaigen «Jurisdiktionswechsel» laut nachdachte, und an die öffentliche Kontroverse im Zusammenhang mit der Aufhebung der Exkommunikation von vier Bischöfen der traditionalistischen Pius-Bruderschaft.[10]

2 Die gegenseitige Wahrnehmung: Theorie und Praxis angesichts historisch gewordener Wirklichkeit

Auch wenn die Trennung zwischen Altkatholiken und Römisch-Katholiken erst 135 Jahre zurückliegt, sind unterschiedliche Traditionen, Mentalitäten und Kirchenkulturen entstanden, die in die Rezeption der Dialogtexte hineinspielen und über die bisherigen Divergenzen wie Unfehlbarkeit, Jurisdiktionsprimat und Frauenordination und deren etwaige Lösung hinausgehen und weiterer Gespräche bedürfen. Ich möchte dies kurz an den Beispielen der Bischofswahl und der Stellung des Laien in der Kirche in der Christkatholischen Kirche der Schweiz skizzieren.

Die Art und Weise, wie ein Bischof in sein Amt berufen wird, ist sowohl in den altkatholischen Kirchen als auch in der römisch-katholischen Kirche de facto sehr unterschiedlich. Man kann die Divergenz nicht an der Frage aufhängen «vom Volk gewählt» oder «nicht vom Volk gewählt». Wichtiger ist die Frage-

10 Vgl. *Koch*, Streit um das Konzil 5 f.: «Es hat mich in meiner ökumenischen Sensibilität sehr verletzt, dass christkatholische Gemeinden, die schwierige Situation, in die unsere Kirche geraten ist, als Gelegenheit wahrgenommen haben, für ihre Kirche in Zeitungen zu werben [...] Dieses Handeln von Christkatholiken ist umso weniger verständlich, als sie im vergangenen Jahrhundert in derselben Situation gestanden sind wie die Pius-Bruderschaft heute. Denn die Christkatholiken haben die Entscheidungen des Ersten Vatikanischen Konzils als eine derartige Neuerung beurteilt, dass sie sie als Bruch mit der Tradition verstanden haben [...] Vielleicht kann auf diesem Hintergrund die Entscheidung von Papst Benedikt, mit dem Beginn eines Weges der Versöhnung mit der Pius-Bruderschaft nicht hundert Jahre zu warten, sogar als wegweisend betrachtet werden.»

stellung, wie der auch immer gewählte und berufene Bischof mit dem wandernden Volk Gottes gemeinsam die Kirche leitet bzw. wie Macht in der Kirche ausgeübt wird.[11] Und die Christkatholische Kirche der Schweiz hat in 135 Jahren Eigenexistenz ihr so genanntes bischöflich-synodales System entwickelt. Dieses beruht – wenn man einmal von wenigen Ausnahmen (z.B. Liturgie und Sakramente – dort geht nichts ohne den Bischof) absieht –, alles auf einem komplexen Konsensprinzip. Man muss sich das wie eine Schaukel vorstellen: Auf der einen Seite sitzt der Bischof. Auf der anderen Seite die Nationalsynode. Zu wichtigen Entscheidungen kommt es nur, wenn die Balance erzielt wird. Und es geht in diesem System nicht nur um den Bischof, sondern gleichzeitig um die Stellung des Laien in der Kirche und die sinnvolle Grösse einer Ortskirche bzw. eines Bistums, um auch in der Leitung einer Kirche sichtbar werden zu lassen, dass alle Christinnen und Christen Träger und Trägerinnen des Heiligen Geistes sind und daher an der Leitung der Kirche partizipieren. Hinzu kommt die individuelle Eigenverantwortung der Laien und Geistlichen in ethischen Fragen einschliesslich der Sexualethik. Konkret heisst das: Die theologische Funktion des Volkes Gottes kommt im Dialogtext zu kurz. Sie ist das eigentliche existenzielle Thema aus meiner Sicht. Wie kann die personale Verantwortung des Bischofs mit der kollektiven Verantwortung der Laien und Geistlichen (Diakonat und Presbyterat) sinnvoll kombiniert werden? Und erweiternd gehört dort ebenfalls hinein, wie Ortskirchen sich untereinander über ihre Bischöfe bei wichtigen Fragen austauschen, koordinieren und abstimmen, um die Einheit der Kirche zu bewahren.

Das Faszinierende und Spannende am römisch-katholisch–altkatholischen Dialog aber ist und bleibt, dass er einerseits ein Dialog zwischen zwei Konfessionskirchen ist und andererseits ein zugleich innerkatholischer. Eine Weiterarbeit und Rezeption

11 *Rein*, Autorität 221–238.

muss sich von einer zukunftsoffenen Hermeneutik des Vertrauens leiten lassen und zu gemeinsamer Traditionsbildung führen.

Literaturverzeichnis

Conzemius, Viktor: Katholizismus ohne Rom. Zürich/Einsiedeln/Köln: Benziger, 1969.

Herren, Matthias: Christkatholiken prüfen Eingliederung bei Katholiken. Der neue Bischof Harald Rein will ein Wachstum seiner Kirche, in: Neue Zürcher Zeitung am Sonntag: Artikel vom 6. September 2009.

Internationale Römisch-Katholisch–Altkatholische Dialogkommission (Hg.): Kirche und Kirchengemeinschaft. Bericht. Frankfurt a. M./Paderborn: Lembeck/Bonifatius, 2009.

Koch, Kurt: Streit um das Konzil. Stellungnahme zur gegenwärtigen Situation in unserer Kirche. Schweizer Bischofskonferenz, 11. März 2009, online unter www.sbk-ces-cvs.ch/ressourcen/download/20090311143554.pdf (20.7.2012).

Küry, Urs: Nach hundert Jahren kirchlicher Eigenexistenz der Zukunft entgegen. Hirtenbrief zum Abschied vom bischöflichen Amt auf den Eidgenössischen Bettag 1972. Allschwil: Christkatholischer Schriftenverlag, 1972.

Matussek, Peter: Martin Heidegger, in: Analytische Psychosentherapie, Bd. 2: Anwendungen. Berlin u. a.: Springer 1997, 49–78 (Nachdruck 2001: 51–53).

Müller, Wolfgang W. (Hg.): Ökumene in Kopf und Bauch. Wie Vernunft und Emotionen in der Ökumene wirken. Freiburg i. Ue.: Kanisius, 2002.

Rein, Harald: Quo vadis? Hirtenbrief zur Fastenzeit 2010 von Dr. Harald Rein, Bischof der Christkatholischen Kirche der Schweiz. Bern: Eigenverlag, 2010.

Rein, Harald: Über die Autorität in der Kirche, in: *Fink, Urban/Zihlmann, René (Hg.):* Kirche – Kultur – Kommunikation (FS Peter Henrici). Zürich: NZN, 1998.

Visser, Jan: Wichtig und nötig. Die Missio der christkatholischen Kirche, in: *Christkatholischer Akademikerverein (Hg.):* Die Missio der christkatholischen Kirche der Schweiz. Olten: Christkatholischer Schriftenverlag, 1981.

Zimmermann, Hans Dieter: Martin und Fritz Heidegger. Philosophie und Fasnacht. München: C. H. Beck, 2005.

Leonhard Hell

Betrachtungen zu einem «innerkatholischen» Dialog aus römisch-katholischer Perspektive

1 Vorbemerkungen

Eine erste Vorbemerkung soll der Selbstverortung des Autors dienen. Die folgenden Zeilen haben eine Urteilsbildung über den vorliegenden Text einer gemischten Altkatholisch/Römisch-Katholischen Dialogkommission zum Ziel. Dabei darf nicht so getan werden, als stehe dem Verfasser als geneigtem Leser und gelegentlichem Kritiker so etwas wie eine neutrale Position zur Verfügung, von der aus er sich seinem Objekt nähern könne. Vielmehr ist er selbst Partei und dies gleich in mehrfachem Sinn. Er ist es als römisch-katholischer Theologe, der sich seinen konfessionellen wie theologischen Traditionen verpflichtet weiss; er ist es zugleich aber auch als ein dem ökumenischen Gedanken zutiefst Verbundener. Und er verknüpft mit dieser doppelten Liaison zudem die Gewissheit, dass er aus römisch-katholischer Überzeugung ökumenisch orientiert ist, wie er nicht zuletzt aus ökumenischem Engagement heraus seiner Konfession verpflichtet ist. Der Ausgangspunkt, von dem aus die folgenden Betrachtungen angestellt werden, ist somit ohne jeden Zweifel ein – hoffentlich in positivem Sinn zu betrachtender – positioneller. Mit einem freischwebenden Blick aus einem oder in ein «ekklesiologisches Niemandsland»[1] ist in

1 *Lehmann*, Christsein 121.

der Tat niemandem geholfen, die Position einer Art überkonfessionellen Neutralität wäre zudem ökumenegeschichtlich ein Anachronismus, der längst überwundenen Illusionen nachjagt.

Eine weitere Vorbemerkung soll aber auch dem vorliegenden Dokument gewidmet sein. Wäre ein interessierter Beobachter der kirchlichen Szene vor einem halben Jahrhundert diesem Text begegnet, würde er, berührt von einem Wehen, das er niemand anderem als dem Heiligen Geist zugeschrieben hätte, den Eindruck gewonnen haben, dass damit nun ein neues Zeitalter anbreche. Heute hingegen sind wir es gewohnt, dass Kirchen und Gemeinschaften von Kirchen im regelmässigen und vertrauensvollen Dialog miteinander stehen, dass sie in gewissen Abständen diesen Dialog und sein Vorankommen auch dokumentieren. Die Zahl derer, darüber werden wir nicht hinwegsehen dürfen, die solche Gespräche und deren Ergebnisse überhaupt noch wahrnehmen, ist in Kirche und Theologie kleiner geworden, von der ausserkirchlichen Öffentlichkeit gar nicht zu reden. Dies gilt zudem selbst für Dialoge, die nicht nur derart freundschaftlich benachbarte Kirchen miteinander führen, wie dies im hier interessierenden Fall gegeben ist, sondern auch und gerade für solche, die historisch wie sachlich erheblich distanziertere Verhältnisse zu überbrücken versuchen – man denke etwa nur an die Gespräche der römisch-katholischen Kirche mit altorientalischen Kirchen auf der einen, Methodisten oder Pfingstlern auf der anderen Seite.

Aber die Absicht ist es keineswegs, hier ins Jammern zu geraten. Die *laudatio temporis acti* hat zwar aktuell in ökumenischen Kreisen eine gewisse Konjunktur; gerade deshalb darf man ihr aber nicht verfallen. Denn in der Tat ist weder der in früheren Jahrzehnten erstaunlicherweise entstandene Ökumenismus noch der heute scheinbar selbstverständlich fortgeführte «vom Himmel gefallen», noch haben ihn Abenteurer der Moderne aus der Tiefe des Raumes zu uns gebracht. Vielmehr fusst das heute Erreichte und Erreichbare auf einer bereits recht langen Geschichte des Brückenbauens und gegenseitigen Verstehenwollens, die immer schon, wenn auch in sehr unterschiedlicher Gemengelage, mit dem Geist der Abgrenzung und konfessionellen Profilierung koexistiert hat. Zum anderen ist aber auch das Neue am ökumenischen Gespräch keineswegs vergangen, es muss nur – so scheint es mir jedenfalls – etwas deutlicher herausgehoben werden, als dies in den Zeiten der Pioniere des Ökumenismus der Fall gewesen ist.

2 Zur Gesamtanlage und Grundabsicht des Textes

Die in den Vorbemerkungen geäusserten Positionierungen des Lesers wie des gelesenen Textes selbst sollen nun gleich an zwei Beispielen erläutert und zum Zug gebracht werden: Bezieht sich das erste Exempel dabei auf die Anlage und Struktur des Berichtes als ganzen, so das zweite auf ein einzelnes Wort aus der Präambel.

Der Bericht nutzt die Möglichkeit zur ökumenischen Traditionsbildung: Im Text selbst sowie vor allem im hilfreichen, besonders auch ökumenische «Novizen» instruierenden Anhang[2] wird verschiedentlich auf Vorgängerdokumente Bezug genommen. Dies geschieht gleich in mehrfacher Weise: An einzelnen früheren Lehräusserungen der beteiligten Kirchen kann dabei einerseits nachgewiesen werden, dass mit dem inzwischen etablierten ökumenischen Dialog ein neuer Stand der Dinge erreicht wurde: Die Profilierungs- und Abgrenzungssucht vergangener Tage ist einer Tendenz zu wechselseitigem Verstehen und der Suche nach Übereinstimmung gewichen; andererseits kann – und dies zum Teil anhand derselben Zeugnisse – aufgewiesen werden, dass die früheren kirchenamtlichen Festlegungen vielfach auch selbst einer neuen, vom Geist der Verständigung geprägten Auslegung fähig sind, und damit gar nicht mehr, jedenfalls nicht mehr notwendig, die verminte Grenze bilden, als die man sie

2 Vgl. *Bericht der Internationalen Römisch-Katholisch–Altkatholischen Dialogkommission*, Kirche und Kirchengemeinschaft [künftig: KuKG] 53–85.

vormals betrachtete und als die sie vielleicht sogar in ihrer Entstehung angelegt waren. Besonders erfreulich ist in diesem Zusammenhang, dass diese Tendenz zur ökumenischen Traditionsbildung in diesem Text ein Mass angenommen hat, das vielen anderen vergleichbaren Texten bis heute leider fehlt: Es wird nämlich nicht nur an vorangegangene Dokumente der eigenen jeweiligen konfessionellen oder ökumenischen Vergangenheit angeknüpft, eine Praxis, die auch ansonsten schon als etabliert gelten kann; vielmehr wird ausdrücklich auch an gemeinsame Texte mit anderen Kirchen (so etwa der altkatholischen mit der anglikanischen Kirche)[3] erinnert. Dies wird an einigen wenigen Stellen sogar noch einen entscheidenden Schritt weitergeführt, indem man auch auf Dokumente ökumenischen Gesprächs zwischen Kirchen zurückzugreift, die beide nicht unmittelbar an diesem aktuellen Dialog beteiligt sind.[4] Solche Beiträge zur Bildung eines ökumenischen Traditionsnetzwerkes sind vorbildlich; sie wirken nicht zuletzt vertrauensbildend und arbeiten dem immer noch vorhandenen Verdacht entgegen, manche ökumenischen Dialoge zwischen zwei Partnern könnten dem Gespräch mit Dritten schaden oder würden dieses zumindest nicht betreffen. Allenfalls hätte man auf diesem so bereits gebahnten Weg noch etwas weiter gehen können. Es hätte sich dann vielleicht auch noch deutlicher das Anliegen dessen gezeigt, was neuerdings «Receptive Ecumenism» und «Catholic Learning»[5] genannt wird: Es geht ja im ökumenischen Gespräch keineswegs nur um den Ausgleich zwischen konfessionellen Positionen oder ein besseres Verständnis der jeweiligen anderen Kirche. Vielmehr soll und muss, wenn das Grundanliegen nicht nur ein diplomatisches, sondern ein wahrhaft ekklesiologisches ist, auch für das jeweils eigene Kirchesein der Beteiligten etwas gewonnen wer-

3 Diese und andere entsprechende Texte sind in der Ausgabe von KuKG leicht auffindbar im Abkürzungsverzeichnis 45–49.

4 Vgl. KuKG (Nr. 73) 38 f. Hier wird ausdrücklich auf einen anglikanisch-orthodoxen Dialogtext verwiesen, das «Cyprus Agreed Statement» von 2006.

5 Vgl. *Murray*, Ecumenism.

den. Dieser (wie jedweder) Dialog ist nur dann einerseits lohnend, andererseits wirklich offen, wenn alle Seiten auch für sich selbst wirklich etwas erwarten vom Austausch mit dem oder den anderen.

Das zweite Beispiel stammt, wie bereits gesagt, aus dem programmatischen Einleitungsteil unseres Textes: Hier wird – zwar drucktechnisch hervorgehoben, aber doch scheinbar nebenher – davon gesprochen, es handele sich bei diesem Unternehmen um einen «innerkatholischen» Dialog.[6] Nun lässt sich diese Aussage natürlich verschieden verstehen: Man könnte sie, dies wäre die ungefährlichste, aber damit natürlich auch uninteressanteste Variante, lediglich konfessionskundlich deuten: Die altkatholische und die römisch-katholische Kirche tragen nun einmal beide bewusst die Selbstbezeichnung «katholisch» in ihrem Namen; zudem blicken sie auf den vergleichsweise längsten Weg gemeinsamer Geschichte unter den Konfessionen (jedenfalls der historischen und am ökumenischen Dialog beteiligten) zurück. Sie gehören, zumindest von ihrer Entstehung her, zu demselben oder wenigstens unmittelbar benachbarten «Typ» von Kirchen, um hier einmal diesen Begriff ins Spiel zu bringen.[7] Dies alles ist wohl richtig und für sich auch bedeutsam; aber es wäre doch wohl zu wenig; zudem legt eine hoffnungsvolle ökumenische Hermeneutik es immer nahe, aus Dokumenten dieser Art möglichst viel an Potenzial zu erheben, selbst dann, wenn dies in der bewussten Absicht der Verfasser vielleicht gar nicht unmittelbar schon enthalten war. Was aber, wenn wir den Terminus des «Innerkatholischen» wirklich ernst nähmen, die konfessionelle Trennung also gleichsam als überkommenen Streit im Elternhaus, als Familienzwist interpretierten? Nun lehrt zwar die

6 Vgl. KuKG (Nr. 2) 13.

7 Diese Terminologie wurde vor allem von Johannes Willebrands wirkmächtig ins Spiel gebracht und seither verschiedentlich erneut aufgegriffen. Vgl. *ders.*, Typology 99–101. Zu Herkunft und Rezeption dieser Begrifflichkeit vgl. z. B. www.vatican.va/roman_curia/pontifical_councils/chrstuni/angl-comm-docs/rc_pc_chrstuni_doc_20091119_williams-willebrands_en.html (30.06.2011).

Erfahrung des Alltags, dass die Versöhnung von gänzlich Fremden gelegentlich einfacher herbeizuführen ist als die Beilegung von Familienstreitigkeiten. Dies ändert jedoch nichts an der Tatsache der behaupteten Familienzusammengehörigkeit. Wenn wir aber über die besagte schwache, lediglich konfessionskundliche Deutung hinausgehen und eine starke, wirklich ekklesiologische Lesart des «Innerkatholischen» anzielen, müssen wir natürlich die Hürden, die einer solchen Deutung entgegenstehen, offen ansprechen. Sie bestehen zudem auf beiden Seiten.

Was etwa wäre, wenn sich die römisch-katholische Kirche im angesprochenen «starken» Sinn des Wortes die Auffassung zu eigen machte, es handele sich bei dem Verhältnis zwischen ihr und der altkatholischen Kirche um ein tatsächlich «innerkatholisches»? Zwar hielte ich dies für möglich, aber nur dann, wenn man die erst neulich wieder aufgekochte Debatte um den Sinn der Aussage der Kirchenkonstitution des Zweiten Vatikanischen Konzils, die eine Kirche Christi *subsistiere* in der katholischen Kirche (LG 8), unter dieser Vorgabe lesen würde. Ich will dies hier nicht weiter vertiefen; ich denke, es ist nicht schwierig, sich die hermeneutischen wie ekklesiologischen Probleme auszumalen.

Aber auch von altkatholischer Seite stehen meines Erachtens einer solchen Deutung nicht unerhebliche Hindernisse im Wege. Zwar war es historisch unbezweifelbar die römisch-katholische Kirche, von der man sich – als von der «bösen», aber doch unvermeidlich bleibenden Schwester – meinte trennen zu müssen. Unter den seither nicht unerheblich veränderten Umständen müsste man sich allerdings fragen, ob dies immer noch den konfessionellen Stand der Dinge darstellt. Fühlt man sich auf altkatholischer Seite nicht faktisch etwa den Kirchen der anglikanischen Gemeinschaft näher verschwistert – oder wenigstens verschwägert – als der römisch-katholischen, und ist die Wahrnehmung von römisch-katholischer, aber auch anglikanischer Warte aus nicht ebenso? Aber dies bitte ich mehr als Frage denn als Behauptung zu verstehen. Jedenfalls würde eine positive Antwort auf diese Frage das angezielte «starke» Verständnis des «Innerkatholischen» ebenfalls beachtlich erschweren.

3 Einige Beobachtungen zu ausgewählten Passagen

Nachdem ich mich nun bei der Rahmung des Textes und einem einzelnen, zudem – wenn ich recht sehe – im weiteren Text nicht nochmals aufgegriffenen Wort so lange aufgehalten habe, soll es in der Folge um eher kürzere Anmerkungen zu einzelnen Aussagen unseres Dokumentes gehen. Ich orientiere mich dabei der Einfachheit halber an dem Textverlauf; allerdings werden sich meine Kommentare keineswegs auf alle Abschnitte erstrecken.

Der zweite Abschnitt des Textes bringt eine «trinitarisch-soteriologische Grundlegung».[8] Dies ist mittlerweile schon eine gut eingeführte Übung in ökumenischen Papieren dieser Art und entspricht natürlich auch dem theologischen Stand der Dinge in der Ekklesiologie. Dennoch ist es als besonders erfreulich zu bezeichnen, dass die Formulierungen hier in angemessener Weise vorsichtig gewählt wurden: Weder wird die Trinitätstheologie unangemessen von der Christologie abgekoppelt noch wird eine – in vielfacher Hinsicht bedenkliche – Communio-Trinität unreflektiert als Basis einer Communio-Ekklesiologie präsentiert – ein Unternehmen, das sich leider ebenfalls in ökumenischen Dokumenten der letzten Jahre breitgemacht hat, nicht zuletzt in all denjenigen, die unter dem Einfluss des ansonsten natürlich durchaus geschätzten Joannis Zizioulas stehen, des führenden Theologen des Ökumenischen Patriarchates von Konstantinopel.[9] Diese Zurückhaltung solchen sozialen Trinitätslehren gegenüber empfinde ich übrigens auch als einen deutlichen Fortschritt gegenüber den in dieser Hinsicht etwas vagen einleitenden Formulierungen der Christkatholisch/Römisch-Ka-

8 Vgl. KuKG (Nrn. 5–12) 14–18.

9 Vgl. zu diesem Themenfeld meine Ausführungen: Ecclesia de Trinitate 2–12.

tholischen Gesprächskommission von 1981, die im Anhang unseres Dokumentes nochmals abgedruckt sind.[10]

In der weiteren Abfolge dieses zweiten Abschnittes scheint mir besonders gelungen, wie das Leben der Kirche des dreifaltigen Gottes als auf Wort und Sakrament fussend präsentiert wird, wobei – trotz aller Einigkeit in der Lehre von der Siebenzahl der Sakramente – letztere gerade in ihrer grundlegenden Differenziertheit wahrgenommen werden:[11] Die so genannten *sacramenta minora* werden in ihrer wesentlichen Bezogenheit auf die beiden Hauptsakramente Taufe und Eucharistie dargestellt. Lediglich die alternative Formulierung «Grundsakramente»[12] erscheint mir als katholischem Theologen etwas merkwürdig, da sich diese Bezeichnung in unserem Bereich seit der Mitte des vergangenen Jahrhunderts ja als Terminus für die Kirche durchgesetzt hat, die von dem Ursakrament Christus her lebt und sich selbst wiederum in den Einzelsakramenten vollzieht und verwirklicht.[13] Der anschliessende Durchgang durch diese Sakramente im Einzelnen ist in der weitreichenden Übereinstimmung, die er dokumentiert, natürlich äusserst begrüssenswert, wobei sich lediglich eine unglückliche Formulierung zur römisch-katholischen Lehre vom Ehesakrament eingeschlichen hat.[14] Natürlich kommt nicht die «Sakramentalität» der Ehe durch den Konsens der Eheleute zustande; diese kommt allein durch Christus zustande, der die lebenslange Verbindung von Mann und Frau zum göttlichen Zeichen für seine Einheit mit der Kirche erhebt; die getauften Eheleute treten durch ihren Konsens (und keineswegs allein durch ihn) lediglich gläubig in diesen sakramentalen Zusammenhang ein.

10 Vgl. KuKG (Text 8) 74–85, bes. 74 f.

11 Vgl. KuKG (Nrn. 10–12) 15–18.

12 Vgl. KuKG (Nr. 11) 16.

13 Vgl. *Walter,* Ursakrament 481 f.

14 Vgl. KuKG (Nr. 12) 18.

Den dritten Abschnitt[15] kann ich weitestgehend überspringen, insofern er eigentlich durchgängig Zustimmungsfähiges enthält; ich möchte lediglich unterstreichen, dass die im abschliessenden Abschnitt treffend beschriebenen begrifflichen Unklarheiten römisch-katholischer Ekklesiologie bezüglich des Ausdrucks «universale Kirche» nicht nur ökumenisch schwer vermittelbar sind, sondern auch innerkatholisch nicht konfliktfrei verhandelt werden. Worüber allerdings selbst Kurienkardinäle untereinander uneins sein dürfen, dort sollte auch nichts Kirchentrennendes vermutet werden.[16]

Im vierten Abschnitt wird der – bereits mehrfach mit höheren ökumenischen Weihen ausgestattete – Begriff der dreifachen Weise der Wahrnehmung des Amtes in der Kirche strukturierend herangezogen: es werde, so heisst es bereits in der Überschrift, in personaler, kollegialer und gemeinschaftlicher Verantwortung ausgeübt.[17] Diese schon aus dem «Lima-Dokument», bekannte,[18] in der Folge vor allem aber auch aus ökumenischen Dokumenten, an denen die anglikanische Kirchengemeinschaft beteiligt war, weitergetragene Redeweise ist generell nicht unglücklich und hat sich durchaus auch als römisch-katholisch rezipierbar erwiesen. Allerdings war bislang meistens definitorisch klargestellt worden, was man unter der dritten dieser Kennzeichnungen versteht, also der Charakteristik des «Gemeinschaftlichen»: So spricht etwa die anglikanische und einige lutherische Kirchen verbindende gemeinsame Feststellung von Porvoo 1992 ganz ausdrücklich davon, dass gegenüber den Aspekten des Personalen und Kollegialen, die beide strikt an das ordinierte Amt, besonders dasjenige der Bischöfe, gebunden sind, das gemeinschaftliche Element vor allem in der Verbindung dieses ordinierten Amtes mit der jeweiligen «ganzen Gemeinschaft» der

15 Vgl. KuKG (Nrn. 13–19) 19–21.

16 Vgl. *Kehl* Disput 81–101.

17 Vgl. KuKG (Nrn. 20–26) 21–23.

18 Vgl. *Kommission für Glauben und Kirchenverfassung des Ökumenischen Rates der Kirchen*, Taufe, Eucharistie und Amt, bes. Nr. 26, 576.

Kirche eines Ortes oder Landes, besonders auf dem Wege synodaler Strukturen, zu finden ist.[19] Nicht ganz klar wird nun in unserem Dokument, ob der Ausdruck «gemeinschaftlich» auch hier so gebraucht wird, wie er inzwischen als ökumenisch eingeführt und etabliert betrachtet werden muss. Er scheint mir hier vor allem zwischen diesem und einem anderen Gebrauch zu oszillieren, der hinter der mehrfach verwendeten Formulierung von der *communio communionum ecclesiarum* zu finden ist:[20] In der dreistufigen Kirchenstruktur, die hiermit bezeichnet werden soll, wird – wenn ich dies recht verstehe – zwischen die Ortskirchen und die Gesamtkirche als in und aus Ortskirchen bestehender Gemeinschaft (*communio ecclesiarum*) eine Art Zwischenglied ins Spiel gebracht: eine solche Gemeinschaft von Ortskirchen, die selbst wiederum eine, wenn auch erweiterte, partikularkirchliche Ebene darstellt. Ich nehme an, dass hierbei sowohl an regionale Strukturen auf historischer wie politischer Basis gedacht ist (orthodoxe Patriarchate, Staats- und Landeskirchen), aber ebenso an konfessionelle Verbünde. Hierin dürfte nicht zuletzt die ekklesiologische Basis für eine konkrete Umsetzung von tatsächlicher Kirchengemeinschaft zu erblicken sein, die meines Erachtens in unserem Dokument nicht restlos freigelegt ist. Eine solche Konzeption stösst jedoch – von allen kirchenrechtlichen Problemen einmal abgesehen – auf gewisse Schwierigkeiten theologischer Art: Zum einen bleibt die Überschneidung mit dem ökumenisch etablierten Begriff des «Gemeinschaftlichen» (engl. *communal*) und der mit ihm angezielten Sache ungeklärt, zum anderen ist bereits innerhalb der römisch-katholischen Ekklesiologie noch keineswegs ausdiskutiert, ob es zwischen Ortskirchen und Gesamtkirche Einheiten gibt, die von nicht lediglich praktischer (etwa sprachlicher, kultureller, politischer u. ä.) Bedeutung sind, sondern die Struktur

19 Vgl. *Britische und Irische Anglikanische Kirchen und Nordische und Baltische Lutherische Kirchen*, Die Porvooer Gemeinsame Feststellung, Nrn. [56].44, 770 f.

20 Vgl. etwa: KuKG (Nr. 17) 20; (Nr. 37) 28.

der Kirche in ihrem Kern betreffen;[21] zudem würde das angezielte Modell einer Kirchengemeinschaft als Gemeinschaft von Kirchengemeinschaften (*communio communionum ecclesiarum*) nicht nur in Kauf nehmen, sondern geradezu erfordern, dass sich die Gemeinschaft zwischen diesen Kirchen und Kirchenverbänden lediglich über die jeweiligen hierarchischen Spitzen definiert und realisiert. Man vergleiche hierzu vor allem den Abschnitt unseres Dokuments, der einseitig formulierte «Altkatholische Vorstellungen zur Gestalt einer möglichen Kirchengemeinschaft» vorlegt.[22] In diesem gesamten Abschnitt tauchen lediglich die altkatholischen Kirchenleitungen auf der einen und der Papst auf der anderen Seite auf. An eine strukturell notwendige Verbindung – welcher Art auch immer – mit der am selben Ort bischöflich verfassten römisch-katholischen Ortskirche scheint nicht gedacht zu sein.[23]

Hiermit habe ich nun offenkundig einen erheblichen Textanteil übersprungen. Er besteht aus den Ausführungen zum Primat im fünften[24] und den vorwiegend die offenen Fragen dokumentierenden Passagen im sechsten Abschnitt.[25] Diese können hier unkommentiert bleiben, da mir die dort genannten Differenzen in Lehre und Praxis unserer Kirchen als weitestgehend zutreffend beschrieben erscheinen. Erwähnen möchte ich immerhin, dass,

21 Vgl. *Pottmeyer*, Bischofskonferenz 497 f.

22 Vgl. KuKG (Nrn. 83–86) 42 f.

23 Lediglich KuKG (Nr. 85) 43 macht zu dieser Thematik einige vage Andeutungen, die zudem erkennen lassen, dass man die ortskirchliche Ebene als zeitlich wie sachlich nachgeordnet betrachtet. Damit konterkariert man m. E. die auf römisch-katholischer Seite seit dem Zweiten Vatikanischen Konzil theologisch wiedergewonnene und im kirchlichen Leben seither zumindest angezielte Balance zwischen Orts- und Gesamtkirche. Zudem lässt man sich die Möglichkeit entgehen, bereits erarbeitete Konzepte gemeinsamer Ausübung von *episkopē*, wie sie etwa der französische Dominikanertheologe Hervé Legrand umrissen hat, an dieser Stelle ins Spiel zu bringen; vgl. *ders.*, Bischof, bes. 146 ff.

24 Vgl. KuKG (Nrn. 27–33) 24–26.

25 Vgl. KuKG (Nrn. 34–82) 26–42.

wenn ich recht überschlagen habe, dieser gemeinschaftliche Bericht in quantitativer Hinsicht mehr Differenzen als Übereinstimmungen zu bieten hat: Umfasst der mit «offene Fragen» überschriebene Teil bereits knapp dessen Hälfte, enthalten auch sonstige Abschnitte nicht lediglich konsensuelle Formulierungen. Aber das soll nicht entmutigen, sondern ist lediglich ein Zeichen von wechselseitiger Ehrlichkeit nach innen und gemeinschaftlicher Redlichkeit nach aussen.

Lediglich an einer einzigen Stelle im 6. Kapitel will ich abschliessend noch kurz einhaken. Hier scheint es mir nämlich, als hätte man begründet und redlich weiter vorankommen können, als dies der Text selbst tut: ich meine das Thema der Mariologie.[26] Denn die «vertiefte Diskussion» und der «klärende Dialog», die hier als erst noch künftig zu geschehen charakterisiert werden, sind anderwärts ja bereits in einem erheblichen Masse erfolgt, zudem im Gespräch zweier Kirchen, deren eine mit einem unserer beiden Dialogpartner identisch und deren andere mit dem anderen Partner aufs Engste verbunden ist: Die Rede ist von dem grossartigen, in unseren Breiten aber kaum rezipierten anglikanisch–römisch-katholischen Dokument «Mary. Grace and Hope in Christ» von 2004.[27] Es verwundert doch etwas, wenn dieses in seiner wechselseitigen Verständnisbereitschaft vorbildliche Papier, das zu Beginn der gemeinsamen Arbeit der Internationalen Altkatholisch–Römisch-Katholischen Kommission 2004 bereits vorlag, hier nicht einmal anmerkungsweise zu Wort kommt.

All diese Nörgelei, die keinen anderen Sinn hat, als zu weitergehenden Gesprächen beizutragen, soll jedoch die erhebliche

26 Vgl. KuKG (Nrn. 48–55) 32–34

27 Eine deutsche Übersetzung liegt vor unter dem Titel: *Anglikanisch/Römisch-katholische Internationale Kommission (ARCIC):* Maria – Gnade und Hoffnung in Christus. Eine gemeinsame Stellungnahme. Der englischsprachige Originaltext ist zugänglich unter www.vatican.va/roman_curia/pontifical_councils/chrstuni/angl-comm-docs/rc_pc_chrstuni_doc_20050516_mary-grace-hope-christ_en.html (30.06.2011).

Leistung nicht schmälern, die in diesem Bericht zutage tritt. Hätten wir in jedem aktuellen ökumenischen Dialog eine derart tragfähige gemeinsame Basis, eine ebensolche Klarsicht hinsichtlich des zwischenkirchlichen Pflichtenheftes und eine entsprechende Vorstellungskraft im Blick auf kommende Schritte, so müsste man um die Zukunft der kirchlichen Einigungsbemühungen nicht besorgt sein.

Literaturverzeichnis

Anglikanisch/Römisch-katholische Internationale Kommission (ARCIC): Maria – Gnade und Hoffnung in Christus. Eine gemeinsame Stellungnahme. Paderborn/Frankfurt a. M.: Bonifatius/Lembeck, 2005.

Bericht der Internationalen Römisch-Katholisch–Altkatholischen Dialogkommission: Kirche und Kirchengemeinschaft. Paderborn/Frankfurt a. M.: Bonifatius/Lembeck, 2009 [KuKG].

Britische und Irische Anglikanische Kirchen und Nordische und Baltische Lutherische Kirchen: Die Porvooer Gemeinsame Feststellung (1992), in: DwÜ 3, 749–777.

Kehl, Medard: Zum jüngsten Disput um das Verhältnis von Universalkirche und Ortskirchen, in: *Walter, Peter u. a. (Hg.):* Kirche in ökumenischer Perspektive (FS Walter Kasper). Freiburg i. B. u. a.: Herder, 2003, 81–101.

Kommission für Glauben und Kirchenverfassung des Ökumenischen Rates der Kirchen: Taufe, Eucharistie und Amt (1982), in: DwÜ 1, 545–585.

Lehmann, Karl: Christsein ökumenisch, in: *von Balthasar, Hans Urs u. a.:* Diskussion über Hans Küngs «Christ sein». Mainz: Matthias Grünewald, 1976, 112–121.

Hell, Leonhard: Ecclesia de Trinitate. Sinn und Grenzen eines Konzeptes, in: MThZ 61 (2010) 2–12.

Legrand, Hervé: Ein einziger Bischof für eine Stadt. Warum und wie zurückkommen auf can. 8 von Nizäa? Ein Plädoyer für die Katholizität der Kirche, in: OstKSt 53 (2004) 122–151.

Murray, Paul D. (Hg.): Receptive Ecumenism and the Call to Catholic Learning. Exploring a Way for Contemporary Ecumenism. Oxford: Oxford University Press, 2008.

Pottmeyer, Hermann J.: Art. Bischofskonferenz. II. Systematisch-theologisch, in: $LThK^3$ 2, 497 f.

Walter, Peter: Art. Ursakrament, in: $LThK^3$ 10, 481 f.

Willebrands, Johannes: Moving towards a Typology of Churches (1970), in: *Kinnamon, Michael/Cope, Brian E. (Hg.):* The Ecumenical Movement. An Anthology of Key Texts and Voices. Genf/Grand Rapids: WWC Publications/Eerdmans, 1997, 99–101.

Internetquellen:

www.vatican.va/roman_curia/pontifical_councils/chrstuni/angl-comm-docs/rc_pc_chrstuni_doc_20091119_williams-willebrands_en.html (30.06.2011).

www.vatican.va/roman_curia/pontifical_councils/chrstuni/angl-comm-docs/rc_pc_chrstuni_doc_20050516_mary-grace-hope-christ_en.html (30.06.2011).

Ernst Christoph Suttner

Die orthodoxen Kirchen und der Bericht «Kirche und Kirchengemeinschaft» aus der Dialogkommission zwischen der Kirche von Rom und den altkatholischen Kirchen

1 Vorbemerkungen

Erlauben Sie drei Vorbemerkungen zu meinen Darlegungen:

1) Ich gehöre nicht zur orthodoxen Kirche, bearbeite also das Thema «von aussen her» und kann nur bestrebt sein, einen sozusagen neutralen Beobachter abzugeben.

2) Leichter könnte man darlegen, was aus der Sicht der römischen Kirche zu sagen wäre über einen Dialog der altkatholischen Kirchen mit der Orthodoxie, als ein Meinungsbild der Orthodoxie zu einem Dialog der altkatholischen Kirchen zu versuchen. Denn in der Kirche von Rom kam es bis in jüngster Zeit immer wieder zu *amtlichen Feststellungen* bezüglich neu auftretender dogmatischer oder kirchenrechtlicher Themen. Der orthodoxen Kirche hingegen steht seit dem 7. Ökumenischen Konzil keine Instanz zur Verfügung, vermittels derer sie mit voller Verbindlichkeit aussagen könnte, was hinsichtlich neuer theologischer Themen gesamtorthodoxes Dogma und unter neuen Verhältnissen gesamtorthodoxes Kirchenrecht ist.

Dies bedeutet nicht, dass die Orthodoxie seit 787 auf den Wandel der Zeitverhältnisse nicht mehr reagiert hätte. Denn auch sie lebt, und neue Festlegungen, die das bisher Gültige modifizierten oder – im Fall völlig neuer Umstände – Neues festlegten, sind auch ohne Beschlussfassung durch ein ökumenisches

Konzil Bestandteil der gesamtorthodoxen Kirchenordnung geworden, *sofern sie überall und von allen orthodoxen Ortskirchen rezipiert wurden und gegenwärtig in ihnen gelten.*[1] Doch diese Bedingung ist vage, und es ist sehr schwer, von irgendwelchen Festlegungen nachzuweisen, dass sie die Bedingung erfüllen.

Die Orthodoxie antwortete zum Beispiel auf die theologischen Themen des 16. Jahrhunderts durch so genannte symbolische Schriften des 17. Jahrhunderts,[2] und für den guten Bestand des geistlichen Lebens und der rechtlichen Ordnung trug sie kontinuierlich Sorge durch Modifizieren der bestehenden oder auch durch Rezeption neuer Verfahrensweisen.[3] Doch die symbolischen Schriften haben weniger Autorität als die Beschlüsse ökumenischer Konzilien; orthodoxe Theologen dürfen ihnen nicht ohne Weiteres widersprechen, sind an sie aber auch nicht ebenso gebunden wie an Beschlüsse eines ökumenischen Konzils. Und überlebte orthodoxe Verfahrensnormen werden nicht durch Neufassungen als obsolet erwiesen; denn auch dann, wenn sich Neues durchgesetzt hat, bleiben die alten Kanones ein sozusagen «schweigender Besitz in der Schatzkammer des orthodoxen Kirchenrechts» und können «wiedererweckt» werden, wenn dafür echter oder eventuell auch nur vermeintlicher Bedarf besteht.

1 Für die Gültigkeit neuer, nach dem 7. Ökumenischen Konzil von der orthodoxen Kirche rezipierter Normen vgl. den Abschnitt «Kanones, Kanonizität und kanonisches Bewusstsein» bei Metropolit *Maximos von Sardes*, Das ökumenische Patriarchat in der orthodoxen Kirche 332–350, sowie die in OstkStud 30 (1981) 255–262 dokumentierten Aufsätze des rumänischen Kirchenrechtlers Stan; auch *Suttner*, Gottesdienst 30–42.

2 Von ihnen handelt *Karmiris* in seinem «Repertorium der Symbole und Bekenntnisschriften»; vgl. dazu das 4. Kapitel der Inhaltsübersicht von *Ivánka* zu diesem Werk in: Handbuch der Ostkirchenkunde 697 ff. Eine knappe, doch sehr hilfreiche Darlegung findet sich auch bei *Algermissen*, Konfessionskunde 205 f.

3 Zwar fällt es nicht schwer, jüngere Verfahrensweisen, die in der Tat praktiziert werden, von den älteren zu unterscheiden, aber sie so zu katalogisieren, dass gegen die Klassifizierung keine Einwände mehr vorgebracht werden könnten, ist kaum möglich.

Am besten erzähle ich dazu Erlebnisse vom Berg Athos im Sommer 1982.[4] Um als Mitglied der damals noch jungen Kommission für den offiziellen theologischen Dialog zwischen der katholischen und der orthodoxen Kirche mit dem tatsächlichen Leben der orthodoxen Kirche vertrauter zu werden, erteilte mir und meinem Assistenten der Ökumenische Patriarch die Erlaubnis zu einem dreiwöchigen Athos-Aufenthalt, bei dem wir alle Klöster und einige Skits aufsuchen konnten. Dabei erfuhren wir, wie schwer es zu ergründen ist, ob ein bestimmtes Verhalten, das Normen aus früherer Zeit ausser Acht lässt, eine sich herauskristallisierende neue gesamtorthodoxe Regel darstellt oder schlichtweg unorthodoxen Missbrauch. Denn wir erlebten einen völligen Ausschluss aus dem Kloster Esphigmenou, wo man so weit gegangen war, dass man sogar gebrochen hatte mit dem Patriarchen von Konstantinopel, weil er zusammen mit dem Papst gebetet hatte, und mit der Kirche von Griechenland, weil sie dies nicht rügte. In diesem Kloster stufte man die «offizielle Orthodoxie» wegen ihrer Annäherung an Rom ein als bereits ganz von der wahren Tradition abgefallen. Für uns gab es dort keinen Einlass.

In einer Reihe von Klöstern durften wir als nicht-orthodoxe Christen dem Gottesdienst nur im Narthex (in der Vorhalle) oder sogar nur im Exonarthex (in der Vor-Vorhalle) folgen; zu den Mahlzeiten durften wir zwar ins Refektorium kommen, mussten aber weit entfernt von den Rechtgläubigen, gleich bei der Eingangstüre, einen abgesonderten Platz einnehmen. In diesen Klöstern hielt man getreu an den Bestimmungen fest, dass ein rechtgläubiger Christ mit Andersgläubigen weder beten noch bürgerlich verkehren dürfe. In anderen Klöstern bot man uns während der Gottesdienste Platz im Schiff des Gotteshauses, und wir konnten es in einem Fall sogar erleben, dass sich einzelne Mönche, um für uns Platz zu schaffen, aus dem zu kleinen Schiff in den Narthex zurückzogen; im Refektorium gab es dort keiner-

4 Ein längerer Bericht darüber findet sich bei *Suttner*, Athoserneuerung 63–73.

lei Scheidung, aber das Antidor[5] wurde uns verweigert und das Evangelienbuch durften wir nicht wie die Mönche küssen. Im letzten Kloster wurden wir dann ausdrücklich gerügt, weil wir nach unseren Erlebnissen diskret nicht zum Empfang des Antidors vorgetreten waren und das Evangelienbuch nicht küssten. In einem anderen Kloster wurden wir belehrt, dass die Beschränkungen, die wir erlebten, dem orthodoxen Herkommen widersprächen, was sich daraus ergäbe, dass sie vor einer Generation auf dem Athos völlig unbekannt waren, und ein auf dem Athos führender Theologe sprach sogar die Sorge aus, der Athos stünde wegen der Gegensätze hinsichtlich der Anwendung bzw. Nichtanwendung der alten Bestimmungen über die Christen anderer Konfession vor einer Krise, die schwerwiegend genug sei, dass er auseinanderbrechen könne.

Georgios Kapsanis, seinerzeit Abt des Klosters Grigoriou und habilitiert an der Theologischen Fakultät Athen, eine damals führende Gestalt auf dem Athos, hatte 1981 in einem Vortrag verwiesen auf «unsere Krankheit seit 1821[6] und in der nachfolgenden Zeit: Die Theologie, die Politik, die Denkart und die Erziehung beachteten (von Ausnahmen abgesehen) die Väter nicht und gründeten auf fremden Vorbildern. Sie brachten nicht die Seele unseres griechisch-orthodoxen Volks zum Ausdruck. Sie blieben für unser Volk geistlich fremd.» Er fuhr fort: «Jetzt ist, Gott sei Dank, ein Erwachen und eine Rückkehr zu den Vätern zu beobachten.»[7]

Im Kontext dieser «Rückkehr zu den Vätern» stand für ihn und für seine Gesinnungsfreunde die Frage an: Muss das früher einmal strikt erlassene und ebenso strikt durchgesetzte Verbot

5 Gesegnetes Brot, das nach dem Ende der Eucharistiefeier verteilt wird und jenen Gläubigen, die keinen Anteil nehmen konnten an den eucharistischen Gaben, Segen vermittelt.

6 1821 brach der griechische Aufstand aus, aus dem schliesslich die Souveränität Griechenlands erwuchs.

7 Der Vortrag von *Kapsanis* ist veröffentlicht in Orthodoxos Typos (gr.) vom 26.06.1981, 463; das Zitat ist den Schlussworten entnommen.

des gemeinsamen Betens und des sozialen Umgangs mit Schismatikern und Häretikern auch heute noch voll beachtet werden, wenn man entschlossen ist, der orthodoxen Tradition die Treue ungeschmälert zu bewahren? Die Widersacher dieser Richtung aber meinten, wenigstens eine teilweise Abschwächung oder sogar die völlige Aufhebung dieser Vorschriften habe inzwischen gesamtorthodoxe Rezeption gefunden, und es stelle jetzt einen Verstoss gegen die Treue zur Orthodoxie dar, weiter auf dem ehemaligen Standpunkt zu verharren.

Für die Lösung der Frage, die zwar uns Westlern, nicht aber den orthodoxen Mönchen wenig wichtig erscheinen mag, gibt es keine gesamtorthodoxe autoritative Entscheidung. Also kann eine solche nicht mit theoretischen Argumenten gefunden werden, sondern nur durch ein gelebtes Zeugnis des geistlichen Lebens. Doch die extrem ökumenescheue Richtung, die als Heilsweg für nicht-orthodoxe Christen nur eine «Rückkehr zur Orthodoxie» anerkennt, bezweifelt, dass nicht-orthodoxe Christen jemals das Zeugnis gelebter Heiligkeit erbringen werden. Sie unterstellt: *Heiligkeit gibt es nur bei Gliedern der rechtgläubigen Kirche*. Der eben zitierte Archimandrit Georgios Kapsanis schrieb: «Der Synkretismus des Ökumenismus, der heutzutage die Orthodoxie mit dem Papismus und mit dem Protestantismus auf die gleiche Stufe stellen möchte, verschleiert mit Absicht die Wahrheit, dass wirkliche Heiligkeit und orthodoxes geistliches Leben ausserhalb der Orthodoxie nicht angetroffen werden können.»[8]

Im Streit um den Ökumenismus erhoben auf dem Athos beide Seiten den Ausschliesslichkeitsanspruch für ihre Position, doch keine konnte für ihre Position dogmatische oder kirchenrecht-

8 Das Zitat entstammt dem Vorwort, das *Kapsanis* einer griechischen Übersetzung russischer Mönchsviten voranstellte: I Thibaida tou Borra (gr.), Athen 1981, 7. Im griechischen Text ist eine orthografische Hervorhebung gemacht, die ins Deutsche nicht übernommen werden kann: «Orthodoxie» ist beide Male mit Majuskel, «Papismus» und «Protestantismus» hingegen mit Minuskel geschrieben.

liche Beweise erbringen. Die Orthodoxen können dies bis heute nicht. Ein Kongress orthodoxer Kleriker und Mönche legte im April 2009 der Öffentlichkeit ein «Glaubensbekenntnis gegen den Ökumenismus» vor, das voll den Gedankengängen von Georgios Kapsanis entspricht. Es nennt den Ökumenismus «Panhäresie, die alle Häresien als ‹Kirchen› akzeptiert und das Dogma der Einen, Heiligen, Katholischen und Apostolischen Kirche lästert». Der Kongress rief «den orthodoxen Klerus, die Mönche und Nonnen und die Laienschaft» zur Unterschrift auf. Dem Aufruf folgte zwar keine Kirchenleitung, aber es unterschrieben amtierende Bischöfe und recht viele Priester, Mönche und Laien, unter ihnen Dozenten theologischer Schulen.

Ich werde im Folgenden auf die Ansichten dieser Kreise nicht eingehen, sondern nur darstellen, was mir die Sicht der Kirchenleitungen zu sein scheint. Doch ich bitte Sie, deswegen von vornherein die Relativität meiner Darstellung zu beachten. Denn bei jenen, deren Position ich übergehe, handelt es sich leider nicht nur um unbedeutend kleine Gruppen. Ich werde vielmehr Auffassungen vortragen, die weite orthodoxe Kreisen als «schon gar nicht mehr orthodox» qualifizieren.

Jan Visser verwies in einem Bericht der IKZ zur Vorgeschichte des katholisch–altkatholischen Dialogs auf Irritationen unter uns Katholiken, weil es nach dem Zweiten Vatikanischen Konzil einer gewissen Zeit bedurfte, bis die neuen ökumenischen Ansätze rezipiert wurden.[9] Doch konnten in der römischen Kirchengemeinschaft die *Ökumeniker* von Anfang an auf bereits getroffene Festlegungen verweisen und sich so der Kritiker mit Erfolg erwehren. Orthodoxe *Ökumeniker* können dies nicht tun, weil es solche Festlegungen nicht gibt. Sie können den Skeptikern in ihrer Kirche nicht nachweisen, dass sie im Unrecht sind, wenn sie sich für die «echteren Orthodoxen» halten.

3) Eine dritte Vorbemerkung noch, diesmal von persönlicher Art. Als katholischer Priester, der nach byzantinischem Ritus die

9 Siehe IKZ 100 (2010) 11–15.

Weihe empfing, und als Kirchenhistoriker, der sich viel mit der Zeit Maria Theresias und mit den mit Rom unierten östlichen Kirchen befasste, habe ich Probleme mit der Bezeichnung «römisch-katholisch» im Namen der Dialogkommission.

Denn um die Ranggleichheit der Unierten mit den Lateinern abzusichern, verfügte Maria Theresia 1773, dass für die unierten Bistümer byzantinischer Tradition, für ihre Gotteshäuser, für ihren Klerus und für ihre Gläubigen der Name «griechisch-katholisch» zu verwenden sei.[10] «Katholisch» sollten sie heissen, damit ihre Gleichrangigkeit mit den abendländischen Katholiken verdeutlicht werde, und die Bezeichnung «griechisch» bezeichnete das ihnen gemeinsame Erbe, dem sie sich verpflichtet wussten trotz ihren Unterschieden in der Gottesdienst- und Umgangssprache sowie im religiösen und profanen Brauchtum. «Römisch-katholisch» wurde daher in Österreichs Amtssprache zur Bezeichnung für die Katholiken des römischen Ritus, und zu diesen gehöre ich nicht trotz meiner Zugehörigkeit zur römischen Kirchengemeinschaft. Sie werden verstehen, dass ich mich daher als österreichischer Kirchenhistoriker unwohl fühle, wenn die gesamte römische Kirchengemeinschaft «römisch-katholisch» genannt wird.

2 Anmerkungen zum Bericht aus orthodoxer Sicht

Nun aber zu jenen Passagen im Text des Berichts der Dialogkommission,[11] zu denen mir aus orthodoxer Sicht Anmerkungen angebracht erscheinen.

10 Das Hofdekret wird vorgestellt und der Passus zur Namensgebung wird zitiert bei *Suttner*, Staaten 416 f.

11 Der Text liegt vor in der Broschüre «Kirche und Kirchengemeinschaft. Bericht der Internationalen Römisch-Katholisch–Altkatholischen Dialogkommission».

2.1 Zur Präambel (Nrn. 1–4):

Es findet gewiss keinen orthodoxen Widerspruch, dass Entfremdung und Trennung zwischen den beiden dialogführenden Kirchen als *innerkatholisches Problem* bezeichnet werden. Denn ohne Zweifel ist das Problem um innerabendländischer Entwicklungen und Themen willen ausgebrochen. Allerdings würden die Orthodoxen wohl eher *innerlateinisch* bzw. *innerabendländisch* sagen, denn den Begriff *katholisch*, der dem Nizäno-Konstantinopolitanum entstammt, beziehen sie entschieden auch auf sich selbst.

Begrüssenswert ist für Orthodoxe, dass in Nr. 3 die Rede sein darf von einem «in Gang gekommenen Prozess der Reinigung des Gedächtnisses, indem die gegenseitige affektgeladene Polemik und verletzende Herabsetzung in der Vergangenheit einer zukunftsoffenen Hermeneutik des Vertrauens Platz gemacht haben». Auch die katholisch-orthodoxe Dialogkommission schreibt im Dokument von Balamand: «Der erste Schritt, der getan werden muss, besteht darin, alles aus dem Weg zu räumen, was zwischen den Kirchen Misshelligkeiten, Missachtung oder gar Hass aufrechterhält» (Nr. 21), sowie: anzustreben sei «eine miteinander abgesprochene oder sogar gemeinsame Geschichtsschreibung der beiden Kirchen [...] So wird man zur Zerstreuung von Vorurteilen beitragen und eine polemische Verwendung der Geschichte vermeiden. Eine solche Darstellung wird erkennen lassen, dass das Unrecht der Trennung nicht nur auf einer Seite bestand und dass es auf beiden Seiten tiefe Wunden geschlagen hat» (Nr. 30).

Nach vollem und genauem Studium des vorliegenden Berichts der Dialogkommission dürfte auch der in Nr. 4 ausgesprochene Ausdruck von «Hoffnung, dass die hier dargelegten Überlegungen auch bei anderen Einheitsbemühungen ein Modell für eine Kirchengemeinschaft mit Rom sein könnten» auf viel orthodoxe Zustimmung stossen. Denn die Dialogkommission bezog sich, wie sie betont, beim Streben auf Überwindung des innerlateinischen Problems auf «ekklesiologische Grundsätze der in Ost und West gemeinsamen Tradition». Sie brach die innerabendländische Enge auf, die nach 1723 bzw. nach 1870 die Spaltung zwischen der altkatholischen und der römischen Kirche verursacht hatte. Wo immer bei der Suche von Lösungen zu Problemen einer Einzelkirche bzw. einer einzelnen *communio communionum ecclesiarum* die gesamtkirchlichen Traditionen in den Blick genommen werden, entsteht beim Dienst für die eine in den Blick genommene Kirche auch für die übrigen Kirchen Wertvolles.

2.2 Zu Nr. 6:

Gegen das im Abschnitt Ausgesagte erhebt sich gewiss kein Widerspruch von orthodoxer Seite. Doch orthodoxe Ekklesiologen pflegen deutlicher, als es hier geschieht, vom Heiligen Geist zu reden, wenn sie Grundzüge der Lehre von der Kirche darlegen. (Vgl. diesbezüglich den Abschnitt I des Münchner Dokuments *Das Geheimnis der Kirche und der heiligen Eucharistie im Licht der heiligen Dreifaltigkeit* aus der katholisch–orthodoxen Dialogkommission.) Diese Anmerkung meldet keinen Widerspruch an, vielmehr geht es um eine Sichtweise, die zu einer Ergänzung führen könnte.

2.3 Zu Nr. 12:

Trotz fast vollem Konsens in der Sakramentenlehre zwischen den bischöflichen Kirchen der lateinischen und jenen der byzantinischen Tradition bestehen bezüglich mancher hier angesprochener Punkte Divergenzen zur Orthodoxie.

- Bezüglich der Taufe: Diakone sind in der orthodoxen Kirche keine ordentlichen Spender der Taufe, und weite orthodoxe Kreise haben Probleme mit der Infusionstaufe.

– Bezüglich der Firmung: Der einzige von einem Priester geleitete Gottesdienst der gesamten sakramentalen Initiation ist in der Orthodoxie der Normalfall.
– Bezüglich des Sakraments der heiligen Eucharistie: Auch für die Orthodoxie gilt, dass Reserven, die in ihr hier oder dort gegen den Begriff *Transsubstantiation* vorgebracht wurden, keine Ablehnung der von der lateinischen Theologie damit gemeinten Glaubenslehre bedeuteten.
– Bezüglich des Sakraments der Busse: Zur Vergebung der Sünden vor dem Kommuniongang der Gläubigen ist in (fast) allen orthodoxen Kirchen die Einzelbeichte vorgeschrieben oder zumindest üblich.
– Bezüglich der Krankensalbung: In der Sünde wird Krankheit der Seele gesehen, und die orthodoxe Kirche erteilt die Krankensalbung auch zum Heil von Gläubigen, bei denen keine leibliche Krankheit vorliegt.
– Bezüglich des Weihesakraments: Der Vermerk, dass die Weiheerteilung «im Auftrag der Kirche» geschehen müsse, wird von orthodoxer Seite sicher gern gelesen, denn dies schliesst jene «Winkelweihen» aus, für deren Gültigkeit man im Westen nur fragte, ob der Ordinator selbst eine Bischofsweihe empfangen und ein «gültiges Weiheformular» verwendet habe.

Für die Wichtigkeit der Angelegenheit sei einerseits verwiesen auf die beträchtliche Anzahl von «Winkelweihen» im 19./20. Jahrhundert[12] sowie auf die 1988 erfolgten Bischofsweihen durch Marcel Lefebvre, und andererseits auf die Entscheidung der russischen Kirchenleitung (unter dem Stellvertretenden Patriarchatsverweser Metropolit Sergij) vom Januar 1926, dass ab dem 9./22. Dezember 1925 nicht nur die kirchenrechtlichen Verfügungen jener russischen orthodoxen Bischöfe, die einem an diesem Tag

12 Vgl. beispielsweise die Vielzahl solcher Weihen, von der die Rede ist bei *Anson*, Bishops.

begründeten *Provisorischen Obersten Kirchenrat* zugehörten und folglich im Schisma zum Patriarchatsverweser standen, sondern auch die von ihnen erteilten Weihen nichtig seien.[13] In einem Schreiben vom 22.11.2006 (das adressiert ist an die politischen Autoritäten der Ukraine, an die Gläubigen der Ukrainischen Orthodoxen Kirche, «an jene, die sich ausserhalb des heilbringenden Stalls der Orthodoxen Kirche in der Ukraine befinden», und an alle «Bürger der Ukraine, denen das Schicksal der Orthodoxie nicht gleichgültig ist,») erklärte neuerdings die Hl. Synode jener Ukrainischen Orthodoxen Kirche, die im Moskauer Patriarchat verblieben ist, dass in jener Ukrainischen Orthodoxen Kirche, die sich als Kiever Patriarchat für eigenständig erklärte und ein Schisma zu ihrem ursprünglichen Patriarchat verursachte, die gottesdienstlichen Handlungen ihre sakrale Bedeutung verloren hätten und ohne Gnade, ungültig und nicht heilsrelevant seien.

Solche Auffassungen sind in Zusammenhang zu bringen mit einer alten kirchlichen Angelegenheit. Im so genannten Ketzertaufstreit des 3. Jahrhunderts hatte Bischof Cyprian von Karthago vertreten, dass jene Taufvollzüge keinen geistlichen Wert besitzen, die in Gemeinden gespendet wurden, die nicht in Communio standen mit der Catholica. Die Kirche von Rom widersprach entschieden, denn sie konnte es nicht für wahr halten, dass Menschen, die in gläubigem Vertrauen auf Christi Wort und unter Anrufung der heiligen Dreifaltigkeit das Zeichen der Wassertaufe vollzogen, von Gott mit einem leeren Ritus sich selbst überlassen blieben. In der Folgezeit galt und gilt bis heute unerschütterlich, dass die Kirche allein es ist, die die heiligen Sakramente spendet, und jahrhundertelang wurde gerungen, um besser zu umschreiben, wer «drinnen» und wer «draussen» ist, und um zu erfassen, welche von jenen, die durch ein Schisma

13 Für die Entscheidung vom Januar 1926 vgl. *Blaschkewitz*, Kirchengeschichte 92 f.; bezüglich des Zusammentritts des Provisorischen Obersten Kirchenrats am 9./22. Dezember 1925, der zum Schisma mit der Patriarchatsleitung führte, vgl. a. a. O. 78 ff.

abgetrennt sind, dennoch hinreichend «drinnen» blieben, um heilige Sakramente zu besitzen. In der Spätantike, im Mittelalter, anlässlich des Konzils von Ferrara/Florenz, in den Wirren der Reformationszeit und als man im 16./17. Jahrhundert Unionen von «Griechen» mit der Kirche von Rom erstrebte, suchte man immer die Kirche dort, wo die Sakramente gespendet wurden. Aber im 18. Jahrhundert hat die römische Kirche von Amts wegen die Legitimität aller Sakramentsvollzüge in Zweifel gezogen, die ausserhalb ihrer kanonischen Grenzen vollzogen wurden. Wenig später kehrte die orthodoxe Kirche uneingeschränkt zur Position von Bischof Cyprian zurück und erklärte alle westlichen Christen für ungetauft.[14] Dann leitete das Zweite Vatikanische Konzil eine Überwindung dieser dogmatischen Enge ein; seither sucht die ökumenische Bewegung die Kirche Christi wieder dort, wo die heiligen Sakramente gespendet werden.

Der Vermerk, dass die Weiheerteilung «im Auftrag der Kirche» geschehen müsse, veranlasst, nachzudenken über das, was berechtigt ist an der Haltung jener, die bei allen, die sie für «fremd» hielten, die Sakramentsvollzüge verwarfen und die eigene Communio für die gesamte Kirche Christi hielten. Die Kirchengeschichte legt Zeugnis ab, dass auch diese Haltung über die Jahrhunderte hinweg Parteigänger hatte. Wer sich mit der Position jener orthodoxen Kreise näher befassen möchte, deren Thesen in diesem Referat, wie angekündigt, ausgeklammert bleiben, studiere gut, was die Kirchengeschichte über diese Traditionslinie zu sagen vermag.

14 Zu den Nachwehen des Ketzertaufstreits in der Theologie der Folgezeit vgl. die Beiträge von *Suttner*, Taufe zur Vergebung der Sünden 249–295 sowie *Suttner*, Ubi sacramenta, ibi ecclesia 296–310. Beide sind veröffentlicht in: *Rappert*, Kirche in einer zueinander rückenden Welt 249–310. Für das Verhalten im Mittelalter vgl. *Suttner*, Kircheneinheit 314–324; zur Haltung auf dem Konzil von Ferrara/Florenz, zu den Positionen zur Zeit der Unionen im 16./17. Jahrhundert und zu den alles umstürzenden amtlichen Verlautbarungen des 18. Jahrhunderts vgl. *Suttner*, Quellen zur Geschichte der Kirchenunionen des 16. bis 18. Jahrhunderts.

– Bezüglich des Ehesakraments: Konstitutiv für das Zustandekommen einer Ehe ist auch nach orthodoxer Auffassung der Konsens der Brautleute, für ihre Sakramentalität aber gilt die Segensspendung durch einen Bischof oder Priester als konstitutiv. Die sakramental geschlossene Ehe gilt der Orthodoxie als Bündnis, das ins ewige Leben reicht, und nach strenger orthodoxer Auffassung löst auch der physische Tod eines Partners die sakramental geschlossene Ehe nicht. Doch wird die Strenge dieser Auffassung pastoral gemildert, weil sowohl verwitwete als auch geschiedene Personen in seelsorgerlicher Grosszügigkeit und um pastoraler Gesichtspunkte willen (gemäss Ökonomie, wie das orthodoxe Kirchenrecht dies nennt) vom Bischof die Erlaubnis zu einer weiteren Ehe einholen können, die dann aber bei genauer Beachtung der kanonischen Ordnung ohne Krönung (das heisst: ohne das charakteristische Zeichen der kirchlichen Trauung) geschlossen werden sollte. Eine vierte Eheschliessung aber ist in der orthodoxen Kirche ausgeschlossen, einerlei um welcher Gründe willen die vorangegangenen Ehen endeten. Von der orthodoxen Theologie (zumindest von Teilen von ihr) wird ernsthaft bestritten, dass sakramentale Ehen von der Kirche geschieden würden; Scheidungen gibt es diesen Theologen zufolge nur beim Staat, und von der Kirche könne nur aus *pastoraler Ökonomie* die Erlaubnis zur Wiederheirat erlangt werden.[15]

2.4 Zu Nrn. 13–19:

Die Beschreibung der Grundvollzüge der Kirche in *martyria*, *leitourgia* und *diakonia*, die angesprochene Vielzahl von Ämtern und Diensten samt deren Bezogenheit auf den Bischof, die Ortsbezogenheit der Kirche und die vorgelegte Beschreibung der Ortskirche sowie die Umschreibung der lokalen, der regionalen und der

15 Eine Zusammenschau der orthodoxen Verfahrensweisen in der Ehepastoral ist vorgelegt in der eben benannten Aufsatzsammlung. Vgl. *Suttner*, Eheverständnis 751–766.

universalen Kirche samt den Aussagen über die Wichtigkeit synodaler Beratungen und der Eucharistie als Ausdruck der Gemeinschaft, stossen auf Einverständnis in der Orthodoxie. Dasselbe gilt für das, was gesagt ist, um aufzuzeigen, dass die lokale Kirche ganz Kirche ist, doch nicht die ganze Kirche. Besonders gut dürfte die Benennung der universalen Kirche als *communio communionum ecclesiarum* aufgenommen werden, denn darin ist Platz sowohl für den Gedanken an die autokephalen Kirchen als auch für jenen an die Gesamtorthodoxie.

2.5 Zu Nrn. 20–25:

Die Übereinstimmung mit dem, was im Dokument der katholisch-orthodoxen Dialogkommission von Ravenna (vom Okt. 2009) ausgesagt wird, macht ersichtlich, dass zu diesen Darlegungen auf orthodoxer Seite Konsens besteht.

(Zu Nr. 26, einer innerlateinischen Faktenfeststellung, kann aus orthodoxer Sicht kaum etwas vermerkt werden.)

2.6 Zu Nrn. 27–33:

Beide Dialog-Partnerkirchen legen ihre je eigenen Auffassungen vom Dienst des Papstes dar, und die orthodoxe Seite darf annehmen, dass dies korrekt geschieht. Einsprüche bzw. Kommentare ergäben sich nur, wenn die orthodoxe Auffassung danebengestellt werden sollte, was sich aber in Ausführungen zu einem zweiseitigen Dialog, wie sie von mir erwartet werden, erübrigt.

Erstaunen dürfte es auf orthodoxer Seite allerdings hervorrufen, dass in Nr. 31 (von den Katholiken?) gesagt wird, nach katholischer Lehre seien Jurisdiktions- und Lehrprimat «spätestens nach dem Ersten Vatikanischen Konzil» ein integraler und dem Wesen nach unaufgebbarer Bestandteil des Petrusdienstes geworden. Kann das Petrusamt, ein nach Auffassung der Katholiken konstitutives Amt in der Kirche, bis zum Ersten Vatikanischen Konzil ohne einen seiner «unaufgebbaren Bestandteile» existiert und diesen erst im 19. Jahrhundert dazugewonnen haben? Wäre nicht alleine das Hinzu-Gewinnen zu einem dermassen späten Zeitpunkt (erst gegen Ende des 2. Jahrtausends) ein Argument dafür, dass es sich um Zeitbedingtes gehandelt haben müsste? Oder sollte der Passus so zu verstehen sein, dass die Katholiken einräumen, die *Modalitäten in der Ausübung* eines «integralen und dem Wesen nach unaufgebbaren Bestandteils des Petrusdienstes» hätten «spätestens nach dem Ersten Vatikanischen Konzil» eine Neugestaltung erlangt? Dann hätte zwar der besprochene «Bestandteil des Petrusdienstes» von jeher bestanden, aber die gegenwärtig in Rom übliche Ausübung wäre als zeitbedingt zu bezeichnen.

2.7 Zu Nrn. 34–35:

Hinsichtlich wichtiger theologischer Themen erwarb die orthodoxe Kirche in der Vergangenheit praktische Erfahrungen mit dem, was das vorliegende Dokument «differenzierten Konsens» nennt. Methodologische Darlegungen von orthodoxer Seite sind mir dazu zwar noch nicht begegnet, doch es gibt bis ins 17. Jahrhundert Fälle von eindeutiger Akzeptanz für einen solchen Konsens.

a) Dafür ist zum Beispiel auf Petr Mogila zu verweisen. Er entstammte dem rumänischen Hochadel im östlich der Karpaten gelegenen Fürstentum Moldau, wurde dort 1596 als Sohn eines regierenden Fürsten geboren, wuchs aber bei den Ruthenen auf, als die Brester Union dort arge Wirren verursacht hatte. Er wurde zum Wortführer der ruthenischen Unionsgegner, konnte ihre Legalisierung im polnischen Staat und für sie die Einsetzung einer vom König anerkannten Hierarchie erlangen und wurde selbst der erste der neuen legalen nichtunierten Kiever Metropoliten. Auch war er zu seiner Zeit der bedeutendste Theologe der Gesamtorthodoxie und der hauptsächliche Autor der wichtigsten von den symbolischen Schriften des 17. Jahrhunderts, der *Confessio Orthodoxa*. Mit ganzer Kraft setzte sich der neue nichtunierte Metropolit für die Wieder-Aussöhnung unter den (durch die Union gespaltenen) Ruthenen ein und strebte entschieden nach einer Gesamtunion aller Ruthenen Polens mit der römischen Kirche.

1644 sandte er zu den Problemen bezüglich der erwünschten Gesamtunion ein Gutachten nach Rom.[16] Er unterschied darin *Union* und *Verschmelzung* und schrieb: «Verschmelzung schliesst Zweiheit aus, Union will zwei ohne Vernichtung der zur Vereinigung Bereiten […] verbinden, wie dies einige Male der Fall war, zuletzt bei der Florentiner Union zwischen Lateinern und Griechen.»

Bei den theologischen Unterschieden zwischen Griechen und Lateinern gehe es, schrieb er, nicht um den heiligen Glauben, sondern lediglich um Formulierungen, die nur die Theologen betreffen; diese brauche, wer um Glaubenseinheit besorgt sei, gar nicht anzusprechen, sondern darf sie friedlich auf sich beruhen lassen. Bei der Brester Union aber habe man sich in der Absicht, sich der Union zu nähern, in Wirklichkeit von ihr entfernt, weil der Papst Verschmelzung (d. h. volle Übereinstimmung) erstrebt habe; er habe die heilige, mit der apostolischen und römischen übereinstimmende Lehre der Ruthenen verdammt und sie als häretisch und als unpassend für die Kirche dargestellt.[17] «Daher», schrieb Petr Mogila, «kam es zu Morden und Martyrien, und es schlich sich eine solche Entfremdung der Herzen ein, dass man auf beiden Seiten im Eifer für die Religion sich nicht scheute, einander unter grosser Kränkung der göttlichen Majestät Häretiker zu nennen.»

16 Der Text und eine deutsche Übersetzung des Gutachtens samt Kommentar sind zu finden in der in Anm. 14 zitierten Handreichung. Vgl. *Suttner*, Versuche 94–120.

17 In der Bulle *Magnus Dominus* hatte Klemens VIII. mehrfach behauptet, die Ruthenen seien verschiedenen Glaubensirrtümern verfallen; er hatte allerdings in der Bulle nicht ausgeführt, worin die Irrtümer bestehen. Text und Übersetzung der Bulle sind zu finden im entsprechenden Abschnitt der eben benannten Handreichung.

Wer Bescheid weiss über die Geschehnisse nach der Brester Union (1595/96) bis zur Legalisierung der nichtunierten Kirche in Polen (1632), kann Petr Mogilas empörten Hinweis auf die Taten beider Seiten nachempfinden, denn der Metropolit war deren Zeitgenosse und Zeuge gewesen. Bezeichnend für seine feste Überzeugung von der Rechtgläubigkeit beider Streitparteien trotz ihren theologischen Unterschieden ist, dass für ihn – wie aus der Formulierung seines Protestes hervorgeht – nicht die damaligen Gewalttaten, die sogar Todesopfer gekostet hatten, sondern der gegenseitige Vorwurf auf Irrgläubigkeit den Höhepunkt der Feindseligkeit darstellte.

Ausdrücklich berief er sich in seinem Gutachten auf das Florentiner Konzil und nannte das damalige Vorgehen der Konzilsväter vorbildlich. Denn nicht durch Eliminieren der Unterschiede zwischen Lateinern und Griechen und durch Vereinheitlichung, sondern durch Bestätigung des Anrechts auf Verschiedenheit hatten die Väter von Florenz das Schisma zu überwinden gesucht.[18] Sie hatten keine Veranlassung gesehen, von den Griechen zu verlangen, dass sie das *filioque* oder das ungesäuerte Brot übernähmen; dass sie beim Reden über die Verstorbenen den Ausdruck *Purgatorium* verwendeten; dass sie allen westlichen Entwicklungen in den Modalitäten bei der Ausübung des Papstamtes zustimmten. Auch hatten sie an die Lateiner nicht das Ansinnen gestellt, künftig wegzulassen, was auf griechischer Seite Anstoss erregt hatte. Gemäss dem Beschlussdokument des Florentiner Konzils durften beide Kirchen, die lateinische und die griechische, das Schisma für beendet erklären und die Communio aufnehmen, ohne Abstriche an ihren Überlieferungen oder Hinzufügungen zu ihren Traditionen vorzunehmen, nur durften sie in Ehrfurcht vor dem Wirken des Heiligen Geistes in beiden Kirchen, auf das die Konzilsväter bei den Gesprächen aufmerksam

18 In der benannten Handreichung findet sich ein 1. Kapitel «Das Konzil von Ferrara/Florenz als tatsächlicher bzw. vorgeblicher Bezugspunkt für die Einigungsbestrebungen im 16.–18. Jahrhundert». Vgl. *Suttner*, Konzil 1–9.

geworden waren, die jeweils anderen nicht mehr irrgläubig nennen. Nach langen Gesprächen hatten nämlich die Florentiner Konzilsväter – wie J. Gill aufzeigt, der sich ausführlich mit ihrer Gesprächsführung befasste,[19] – die Einsicht erlangt, dass sich weder die griechische noch die lateinische Theologie im Irrtum befinde, dass vielmehr beide Seiten recht haben, weil sie im Wesentlichen das Gleiche meinten, es aber in verschiedener Form ausdrückten. «Diese Überzeugung», schreibt Gill, «beruhte auf einem Axiom, das sie bestätigte und das keiner der in Florenz anwesenden Griechen zu leugnen gewagt hätte [...]: dass alle Heiligen als Heilige vom Heiligen Geist inspiriert sind und in Sachen des Glaubens miteinander übereinstimmen müssen. Die Vorstellung des Gegenteils hätte bedeutet, den Heiligen Geist zu sich selbst in Widerspruch setzen.» Diese Begründung liefert zugleich die von Ihrer Dialogkommission in Nr. 34 erhobene Forderung, dass zu erklären sei, «warum die [...] verbleibenden Lehrunterschiede als zulässig gelten können».

b) Im Unterschied zu Petr Mogila hatte hingegen Papst Klemens VIII. beim Abschluss der Brester Union nicht anerkannt, dass beide Seiten in ihrer Verschiedenheit vom Heiligen Geist geleitet sind. Obwohl er das Florentinum eifrig im Munde führte, war er geleitet von einem nach-tridentinischen Verlangen auf Einheitlichkeit des kirchlichen Lebens (auf *Deckungsgleichheit*, wie die erwünschte nach-tridentinische Einheitlichkeit in Nr. 34 von der Dialogkommission genannt wird). Er liess das, was im vorliegenden Text «differenzierter Konsens» heisst, nicht zu, sondern forderte von den Ruthenen die volle Übernahme aller lateinischen Lehren.[20] Denn in Dankbarkeit für die Führung der eigenen Kirche durch den Heiligen Geist beschränkten sich die Lateiner bald nach dem Tridentinum auf die ihrer eigenen Kirche gewährte Einsicht in die Mysterien des Evangeliums;

19 *Gill*, Geschichte (Konstanz und Basel-Florenz) 282–305.

20 Vgl. das Glaubensbekenntnis, das Klemens VIII. von den Unierten einforderte. Im vollen Wortlaut ist es ins Deutsche in der bereits mehrfach zitierten Handreichung übersetzt und erläutert.

sie versteiften sich mehr und mehr auf die Überzeugung, dass alle, die vom Heiligen Geist geleitet werden, in den entscheidenden Dingen jene kirchliche Praxis, jene Frömmigkeit und jene theologischen Lehrmeinungen aufweisen müssten, die von ihrer eigenen Kirche vertreten wurden. Wer anders war, anders dachte und anders lehrte als das, was die lateinische Kirche lehrte und tat, galt für Papst Klemens VIII. als irrgläubig oder stand zumindest im Verdacht, es zu sein. (Ein Vergleich mit unserer Alltagserfahrung sei eingefügt: Wanderer, die einen hohen Berg von verschiedenen Himmelsrichtungen her sahen und ihn unterschiedlich in Erinnerung haben, mögen lieben, was sie gesehen haben; doch sie müssen anerkennen, dass aus anderen Himmelsrichtungen derselbe Berg andere Anblicke bietet, die ebenso gültig sind wie das, was sie selbst in der Erinnerung haben.)

c) Weitere Fälle von Zustimmung zu einem «differenzierten Konsens» gab es im 17. Jahrhundert bei den (zahlreichen) Unionen *pro foro interno* von Griechen mit der Kirche von Rom – diesmal nicht nur bei den Griechen, sondern auch auf Seiten der Lateiner. In einem Entschluss, der nur für den Gewissensbereich (*pro foro interno*) Gültigkeit besass und der Öffentlichkeit (*pro foro externo*) verborgen blieb, gingen einzelne Hierarchen, Theologen oder Notabeln individuell eine Union ein mit dem Römischen Stuhl und blieben *pro foro externo* führende Persönlichkeiten ihrer bisherigen (mit Rom nicht unierten) Kirche. Auf beiden Seiten wurden solche Unionen für gültig gehalten.[21] Dabei ging die (gewissensmässige) Aufnahme der Communio durch die entsprechenden griechischen Hierarchen, Theologen oder Notabeln ohne jegliches Sich-Distanzieren von irgendwelchen Aspekten des griechischen Herkommens vor sich.

Solche Unionen waren zahlreich genug, um nicht als unwichtige Ausnahmen abgetan werden zu dürfen. Nur deswegen konnten sie Wirklichkeit werden, weil man bei ihnen offensichtlich

21 Diesen Unionen ist ein besonderer Abschnitt in der zitierten Handreichung gewidmet.

keine Einheitlichkeit einforderte, sondern sich weiterhin mit jenem Anrecht auf Verschiedenheit identifizierte, das in Florenz anerkannt worden war.

d) Im letzten Drittel jenes Jahrhunderts, in dem Petr Mogila gewirkt hatte, reformierte Patriarch Dositheos von Jerusalem das Schulwesen der Griechen und erneuerte ihre Theologie. Dabei strebten er und seine theologischen Freunde ebenso nach Einheitlichkeit im kirchlichen Leben und Lehren wie die Lateiner es nach dem Tridentinum zu tun begonnen hatten;[22] und alle Unterschiede zwischen ihrer Theologie und jener der Lateiner nannten sie Glaubensgegensätze.

e) Im nachfolgenden 18. Jahrhundert verbot 1729 ein Dekret der römischen Kurie strikt die *communicatio in sacris* zwischen Christen, die dem Papst verbunden sind, und anderen Christen, die es nicht sind, weil diese Christen allesamt *Häretiker und Schismatiker* seien.[23] 1755 antwortete darauf eine Synode der griechischen Patriarchen mit der pauschalen Feststellung, dass die Lateiner ungetauft seien.[24]

Was im vorliegenden Bericht der Dialogkommission «differenzierter Konsens» heisst, wurde somit im 18. Jahrhundert durch ein Dekret der römischen Kurie und durch einen Beschluss

22 Zum Neuaufbruch im Bildungswesen unter Dositheos vgl. *Suttner*, Reform 96–110 und die dort (in Auswahl) benannte Literatur. Für das Verlangen des Dositheos auf Einheitlichkeit der Theologie vgl. die dort vorgelegten Hinweise auf seinen kompromisslosen Kampf gegen wirkliche oder vermeintliche Parteigänger des Kyrill Lukaris und für die Übernahme der Transsubstantiationslehre durch die Griechen.

23 Erfreulicherweise nahm dies das Zweite Vatikanische Konzil wieder zurück und verfügte in «Unitatis redintegratio» Art. 15: «Da diese Kirchen trotz ihrer Trennung wahre Sakramente besitzen, vor allem aber in der Kraft der apostolischen Sukzession das Priestertum und die Eucharistie, wodurch sie in ganz enger Verwandtschaft bis heute mit uns verbunden sind, so ist eine gewisse Gottesdienstgemeinschaft unter gegebenen geeigneten Umständen mit Billigung der kirchlichen Autorität nicht nur möglich, sondern auch ratsam.»

24 Die Dekrete von 1729 und von 1755 sind aufgeführt, ins Deutsche übersetzt und erläutert im 3. Kapitel der bereits mehrfach erwähnten Handreichung.

der griechischen Patriarchen aus der lateinischen und aus der griechischen Theologie verbannt. Damit trat jene Verhärtung der Schismengrenze zwischen Lateinern und Griechen ein, die verhinderte, dass die Bischöfe beider Seiten beim Zweiten Vatikanum wieder miteinander als Konzilsväter amtierten, wie sie es beim Florentinum taten. Auf beiden Seiten tat man in der Folgezeit ein Übriges: man betrachtete auch die vorangegangenen Jahrhunderte sozusagen «durch die Brille» der neuen Ekklesiologie und interpretierte die jüngst erlangte Sicht vom wechselseitigen Verhältnis zwischen Lateinern und Griechen in die alten Zeiten zurück. So unterlegte man vielem von dem, was früher geschehen war, jene Motive, die aus der im 18. Jahrhundert geborenen neuen Gegnerschaft erwuchsen. Der Mühe, in den Geschichtsquellen sorgfältig nicht nur nach den Geschehnissen selbst, sondern auch nach deren Motiven zu forschen, unterzog man sich nicht. Als ein Ergebnis aus der Ekklesiologie, die sich im 18. Jahrhundert durchsetzte, findet sich daher in der Mehrzahl unserer Lehrbücher ein Bild von der Kirchengeschichte, das vom Gift des Konfessionalismus trieft[25] und alle Fälle von «differenziertem Konsens», die vorgekommen waren, verschweigt oder sogar weginterpretiert.

Was im vorliegenden Bericht «differenzierter Konsens» heisst, müsste also, um wieder Anerkennung finden zu können, von den Ökumenikern unserer orthodoxen Schwesterkirche (wie übrigens auch von der Mehrzahl der Ökumeniker der Lateiner) erneut entdeckt werden. Doch die Mehrheit der gegenwärtigen orthodoxen Lehrer der Theologie steht – scheint mir – näher beim Patriarchen Dositheos als beim Metropoliten Petr Mogila. Es

25 Die katholisch-orthodoxe Dialogkommission hatte in der Tat allen Grund, in Nr. 30 ihres Dokuments von Balamand zu schreiben, man müsse «allen eine unvoreingenommene und umfassende Darstellung der Geschichte bieten, indem man eine miteinander abgesprochene oder sogar gemeinsame Geschichtsschreibung der beiden Kirchen anstrebt. So wird man zur Zerstreuung von Vorurteilen beitragen und eine polemische Verwendung der Geschichte vermeiden.»

dürfte darum gegenwärtig nicht leicht sein, für Nr. 34 des vorliegenden Dokuments mit mehr als nur wenigen orthodoxen Theologen den Konsens zu finden.

2.8 Zu Nrn. 36–39:

Der Abschnitt trägt grundlegende Übereinstimmungen vor, doch keine vollständige Lehre von der Kirche. Als grundlegende Skizze verstanden, dürfte die Darlegung orthodoxe Zustimmung finden.

Dasselbe darf gesagt werden hinsichtlich der Aussage in Nr. 38, dass der Leitungsdienst, den in den Gemeinschaften von Kirchen je ein (erster) Bischof leisten soll, für die universale Dimension als synodal situierter Primat dem Papst zukomme. Denn nach Ausweis von Nr. 24 im Dokument von Ravenna der katholisch–orthodoxen Dialogkommission überdenkt die Orthodoxie derzeit die Konsequenzen, die sich für die Universalkirche aus dem 34. Apostolischen Kanon ergeben. Dieser Kanon lautet: «Die Bischöfe jeder Provinz (*ethnos*) müssen den anerkennen, der unter ihnen der erste (*protos*) ist, und ihn als ihr Haupt (*kephale*) betrachten und nichts Wichtiges ohne seine Zustimmung (*gnome*) tun; jeder Bischof soll nur das tun, was seine eigene Diözese (*paroikia*) und die von ihr abhängigen Gebiete betrifft. Aber der erste (*protos*) kann nichts tun ohne die Zustimmung aller. Denn auf diese Weise wird Eintracht (*homonoia*) herrschen, und Gott wird gepriesen werden durch den Herrn im Heiligen Geist.» Was sich aus einer nur vorläufigen Feststellung vom Primat in der Gesamtkirche für die konkreten Modalitäten in seiner Ausübung zu ergeben hat, steht in den Dialogen selbstverständlich noch zur Untersuchung an.

Ausgeklammert sei Nr. 39, denn dort wird auf das spezielle Verhältnis zwischen den beiden Schwesterkirchen geblickt, die den Dialog führen, über den wir nachzudenken haben. Verständlicherweise machen Orthodoxe, wenn sie von kirchentrennenden Auswirkungen des römischen Primats reden, diese nicht in der gleichen Art (das heisst: nicht sozusagen ausschliesslich) am Ersten Vatikanum fest wie der vorliegende Text, sondern sehen im Ersten Vatikanum eine Verstärkung oder Verdeutlichung von Gravamina aus früher Zeit.

2.9 Zu Nrn. 41–47:

Im letzten Absatz des Ravenna-Dokuments spricht die katholisch–orthodoxe Dialogkommission die Hoffnung aus, dass die im Dokument enthaltene Darlegung über kirchliche Communio, Konziliarität und Autorität «eine feste Basis für künftige Diskussion über die Frage des Primats auf der universalen Ebene der Kirche liefert», und sie fährt fort: «Wir sind uns bewusst, dass noch viele schwierige Fragen zu klären sind, wir hoffen aber, dass wir gestützt durch das Gebet Jesu […] und im Gehorsam gegenüber dem Heiligen Geist auf der schon erreichten Übereinstimmung aufbauen können.» Es erscheint müssig, aus der Sicht der orthodoxen Partner, die selbst in einem Gesprächsvorhaben stehen, bei dem auf wichtige Wandlungen gehofft wird, die grossen Hoffnungen besprechen zu wollen, die den Partnern eines anderen Dialogs zum nämlichen Thema vor Augen schweben. Es würde bedeuten, die Resultate zweier eben erst angelaufener Prozesse vorhersehen und sie vorweg schon aneinander messen zu wollen. Solches wollen wir unterlassen.

Nr. 43 benennt historische Tatsachen, die der altkatholischen Theologie hoffnungsvoll erscheinen. Dies sei Anlass, darauf zu verweisen, dass die bezüglich des «differenzierten Konsenses» oben bereits erwähnten Dokumente auch relevant sind für ein Gespräch über Modalitäten, die die Ausübung des römischen Primats leiten sollen. Das Gutachten des Metropoliten Petr Mogila aus dem Jahr 1644 stimmt im vollen Umfang der Existenz eines römischen Primats zu, verweist aber auch auf Grenzen, die für seine Ausübung bestehen. Petr Mogila formulierte in der geradezu klassischen Form eines «differenzierten Konsenses» und schrieb: «Den Primat mögen alle anerkennen, womit der apostolische Stuhl zufrieden sein muss, sonst aber ist nichts von den eigenen Prinzipien und Grundsätzen zu ändern und aufzugeben, denn es wird eine Union, nicht eine Verwandlung gesucht. Das aber ist Wesen und Natur einer Union, zwei Dinge zu verbinden und jedes in seiner ursprünglichen Unversehrtheit zu bewahren: was vorher war, soll auch jetzt sein, was nicht, soll gänzlich beseitigt werden. Es war aber so, dass der Summus Pontifex immer für den Ersten und Obersten in der Kirche Gottes gehalten wurde, als Stellvertreter Christi und als Vorsteher, dasselbe möge jetzt bewahrt bleiben; aber nirgends steht geschrieben, dass der lateinische Vorsteher unmittelbar über den griechischen Ritus gesetzt wäre, weil dieser immer seinen eigenen Vorsteher hatte, der zwar den Primat anerkannte, aber abhing vom Patriarchen des eigenen Ritus.»

Für eine Union, die den Primat anerkennt, dabei aber nichts ändert an den «eigenen Prinzipien und Grundsätzen» der griechischen Patriarchate, bezog sich Petr Mogila ebenso auf das Florentinum, wie er es tat, als er für die Möglichkeit von Unterschieden in der Theologie eintrat, die trotz Einheit im Glauben friedlich beibehalten werden können. Denn das Florentinum hatte, als es die Existenz eines römischen Primats voll anerkannte, auch Bedingungen für dessen Ausübung gesetzt. Im Konzilstext heisst es: «Der heilige Apostolische Stuhl und der römische Bischof haben den Primat über den ganzen Erdkreis inne und er, der römische Bischof, ist der Nachfolger des seligen Petrus, des Ersten der Apostel, und wahrer Stellvertreter Christi, er ist Haupt der ganzen Kirche sowie Vater und Lehrer aller Christen, und ihm ist im seligen Petrus von unserem Herrn Jesus Christus die volle Gewalt gegeben worden, die universale Kirche zu weiden, zu leiten und zu lenken, wie es auch in den Akten der ökumenischen Konzilien und den heiligen Kanones enthalten ist. […] Wir erneuern darüber hinaus auch die in den Kanones enthaltene Ordnung der übrigen verehrungswürdigen Patriarchen […] natürlich unter Wahrung all ihrer Privilegien und Rechte.»

Die Kirche war zur Zeit des Florentinums rund um das Mittelmeer in herkömmlicher Weise immer noch in fünf Patriarchate gegliedert. Dennoch hatte das römische Verhalten bereits damals auf griechischer Seite so viel Widerspruch gefunden, dass dem Konzil der Hinweis auf die «Privilegien und Rechte der verehrungswürdigen Patriarchen» notwendig erschien. Gegen Ende des Jahrhunderts, in dem das Florentinum getagt hatte, setzten die geografischen Entdeckungen der Europäer ein, und in ihrer Folge kam es zu einer weltweiten Expansion der westlichen Kirche (und somit auch des lateinische Patriarchats), und die Zuständigkeit des lateinischen Patriarchen dehnte sich auf alle Kontinente aus.[26] Prof. Ratzinger bezeichnete dies 1969 als Fehlentwicklung und führte aus, man solle es «als Aufgabe für die Zukunft betrachten, das eigentliche Amt des Petrusnachfolgers und das patriarchale Amt wieder deutlicher zu unterscheiden und, wo nötig, neue Patriarchate zu schaffen und aus der lateinischen Kirche auszugliedern»[27].

Im Lauf der Expansion ihrer Kirche entschwand den Lateinern allmählich das Wissen um den Unterschied zwischen den patriarchalen und den päpstlichen Zuständigkeiten des römischen Oberhirten, und recht schnell entglitt es ihrem Bewusstsein, dass das Florentinum geografische Grenzen kannte

26 Hätte man sich bei dieser Expansion ebenso verhalten, wie es die alte Kirche getan hatte, wären in Übersee gesonderte Patriarchate einzurichten gewesen. Doch man zog es vor, stattdessen das römische Patriarchat auf alle Territorien auszudehnen, wohin die abendländischen Missionare zugleich mit dem Evangelium auch ihr heimatliches Kirchenleben trugen, und als die Portugiesen in Südindien und in Äthiopien auf uralte östliche Kirchen stiessen, für die nach altkirchlichem Herkommen die Verantwortung bei deren eigenen Patriarchen lag, nahm man keine Rücksicht auf die «Privilegien und Rechte» dieser Amtsträger; ohne auch nur Verhandlungen mit ihnen geführt zu haben, verfügte man ganz einfach, dass die südindischen Christen künftig dem nahe bei ihrer Heimat gelegenen und dem römischen Patriarchen untergeordneten Erzbistum Goa anzugehören hätten, und den Äthiopiern sandte man europäische Bischöfe.

27 *Ratzinger*, Volk Gottes 142.

für die patriarchalen Zuständigkeiten des römischen Bischofs. Bereits anlässlich der Brester Union behandelte Klemens VIII. die Kiewer Metropolie, die dem Konstantinopler Patriarchat angehört hatte, wie irgendeine Kirchenprovinz der Lateiner.[28] Und Kardinal Kollonitz, der 1701 die Siebenbürger Kirchenunion in Kraft setzte, bezog das dortige rumänische Bistum, das einer Metropolie des Konstantinopler Patriarchats zugehört hatte, schlechterdings ein in seinen eigenen Jurisdiktionsbereich als ungarischer Primas und damit in die lateinische Kirche.[29] Was man 1595/96 und 1701 tat, hätte nicht geschehen können, wenn bei den Lateinern die Anerkennung des Florentinums als ökumenisches Konzil mehr gewesen wäre als eine verbale Floskel.

Wie der Verweis in Nr. 43 auf die Enzyklika «Ut unum sint» hervorhebt, hat sich mittlerweile auch in Rom die Überzeugung durchgesetzt, dass es noch ernsthafter Überlegungen bedarf, um die neuzeitlichen römischen Modalitäten der päpstlichen Primatsausübung in Einklang zu bringen mit den eigenen Rechten anderer Hierarchen. Allein die «goldene Regel», die das Florentinum formulierte, genügt nicht; es bedarf auch klarer Übereinkünfte über konkrete Schritte zu ihrer Anwendung. Solche wurden aber nicht gesucht, weil es in der Kirchengeschichte nie zu einem ernsthaften Versuch gekommen ist, die Florentiner Regel anzuwenden. (Vielleicht kann ein Vergleich mit politischen Vorgängen in unseren Tagen verdeutlichen, was mit dem eben Gesagten gemeint ist: Es geht derzeit um die Aufnahme weiterer Staaten in die EU. Der Vertrag, zu dem sie sich uneingeschränkt werden bekennen müssen, liegt vor. Doch sie sollen nicht einfach vereinnahmt werden, sondern besondere Staaten bleiben. Darum führt man mit den Beitrittskandidaten je eigene Beitrittsverhandlungen und sucht nach geeigneten Modalitäten für die passende Anwendung des Vertrags.) Eine «goldene Regel» für die

28 Vgl. *Suttner*, Wandel 111–118.

29 Quellenangaben dafür finden sich in der bereits mehrfach erwähnten Handreichung.

päpstliche Verantwortung wurde vom Florentinum gefunden; Details für deren Anwendung, die den Eigenstand anderer Kirchen nicht «einschmelzen», sind gemäss den Worten von Johannes Paul II. noch ausständig.

2.10 Zu Nrn. 48–55:

Wenn ich die Angelegenheit recht verstehe, bezieht sich die Kritik der orthodoxen Theologie an den beiden Dogmen zwar energisch auf die Art und Weise ihrer Dogmatisierung, aber wenig auf ihren Lehrinhalt. Ihre Dogmatisierung, über die die Orthodoxen ähnlich denken wie die Altkatholiken, gehört jedoch in das Kapitel zu den offenen Fragen bezüglich der Ekklesiologie. Die Diskussion über die Lehraussagen der beiden Dogmen, worüber es zwar zwischen Katholiken und Altkatholiken schwerwiegende Differenzen zu geben scheint, nicht jedoch zu den Orthodoxen, muss jener innerlateinischen Dialogkommission vorbehalten bleiben, über deren Dokument wir sprechen. Vonseiten der Orthodoxie ist dazu kaum etwas beizutragen.

2.11 Zu Nrn. 56–73:

In der orthodoxen Kirche ist die ablehnende Haltung zur Frauenordination bekanntermassen weit verbreitet. Als Argument dafür wird – wie im Text erwähnt – auf Jesu ausschliessliche Wahl von Männern bei der Berufung der Apostel verwiesen und auf die mittlerweile fast zweitausendjährige Praxis der Kirche, nur Männer zu weihen. Die Argumentation mit einer Sponsialmetaphorik, wie sie in Nr. 67 (und in Nr. 59) vorgetragen wird, ist mir im orthodoxen Schrifttum nicht begegnet. Wohl aber konnte ich dort finden, was in Nr. 69 vorgelegt ist; doch daraus lässt sich die Notwendigkeit nicht ableiten, dass die Geweihten allesamt männlichen Geschlechts zu sein hätten. Ausserdem kenne ich eine reiche orthodoxe Sponsialmetaphorik, die sich auf die geistliche

Verbundenheit der Christen (der Frauen *und* der Männer) mit Gott bezieht.

Es mag (mit Blick auf Nr. 57) interessant erscheinen, wenn ich erzähle, dass bei der Vorbereitung eines Dokuments der katholisch–orthodoxen Dialogkommission über das Weihesakrament durch die Koordinierungskommission von einigen hochgestellten orthodoxen Mitgliedern darauf gedrängt wurde, eine Aussage über die Unmöglichkeit der Frauenordinationen in den Text einzufügen. Dagegen konnten wir katholischen Mitglieder uns kaum durch den Hinweis erwehren, dass die Dialogkommission zu keinen dogmatischen Festlegungen ermächtigt sei, vielmehr nur das gelebte Erbe unserer Kirchen aufzuzeigen habe; dass wir also nur schreiben dürften, in der Tradition unserer Kirchen habe es bislang die Frauenordination nicht gegeben. Erst der Einwand des damaligen ranghöchsten orthodoxen Mitglieds dieser Kommission, dass keiner von uns wissen könne, was unsere Kirchen künftig entscheiden werden, vermochte die Diskussion zu beenden. Die Koordinierungskommission nahm keinen solchen Hinweis in den Vorlagetext auf, und in der Plenarsitzung der Dialogkommission, die den Text zu verabschieden hatte, wurde nach einem solchen Zusatz nicht mehr gefragt.

2.11 Zu Nrn. 77–80:

Vor noch gar nicht langer Zeit konnte man, was die mit Rom unierte Christenheit anbelangt, von orthodoxer Seite in aller Klarheit zu hören bekommen, die Lösung der Probleme habe das Verschwinden der unierten Kirchen zur Voraussetzung und könne nur in ihrer Abschaffung und in der Eingliederung der Mitglieder der unierten Kirchen entweder in die lateinische Kirche oder in die orthodoxe Kirche aufgrund freier Wahl erfolgen.[30] Im Balamand-Dokument der Dialogkommission wurde aber gesagt: «Was die katholischen Ostkirchen angeht, ist es klar, dass sie als Teil der

30 Vgl. Kathpress Nr. 24 vom 2.2.1990, 11.

katholischen Gemeinschaft das Recht haben, zu existieren und zu handeln, wie es den geistlichen Bedürfnissen ihrer Gläubigen entspricht.» Dieser Wechsel in den Auffassungen nötigt zu einer Reihe von Änderungen der Verhaltensmuster. Die Anstrengungen, die auf orthodoxer Seite dazu notwendig sind, dürften beitragen, dass dort Verständnis dafür aufkommt, dass es auch zwischen Katholiken und Altkatholiken um die Notwendigkeit gehen kann, in einem ökumenischen Geist neue Vorkehrungen zu suchen für leider vorhandene Probleme, zu denen die eine Seite eine pauschale Forderung auf Abschaffung zu stellen versucht sein könnte.

2.12 Zu Nrn. 83–86:

Fragwürdig erscheint mir – falls ich Nr. 83 recht verstehe –, ob orthodoxe Ekklesiologen dafür gewonnen werden können, beim Prozess der Heilung eine «länger dauernde Phase» (so etwas wie eine Zeit bedingter Communio) zuzulassen, in der nur ein Teil der eigentlich einzufordernden Verbesserungen erbracht würde, das Schisma aber dennoch für beendet gelten könnte.

Wie oben ausgeführt war, dass es nach dem Florentinum klarer Regeln zu den Modalitäten bedurft hätte, um die «goldene Regel» zum Primat zur Anwendung zu bringen, gilt auch bezüglich der in Nrn. 84 und 85 vorgelegten Probleme, dass es ausdrücklicher Vereinbarungen bedarf.

Was Nr. 86 anbelangt, sei nochmals auf das Florentinum verwiesen. Es wird nicht schwer sein, die orthodoxe Zustimmung zu erlangen, dass die Utrechter Union – freilich nur im Fall der Anerkennung ihrer Rechtgläubigkeit durch die Orthodoxie – einem der orthodoxen Patriarchate gleichwertig sei. Dann mag das, was das Florentinum über die östlichen Patriarchen sagte, auch als ein Wegweiser dienen, um zu erreichen, was hier gesucht wird.

Literaturverzeichnis

Algermissen, Konrad: Konfessionskunde. Paderborn: Bonifatius, [8]1966.

Anson, Peter F.: Bishops at large. London: Faber&Faber, 1964.

Blaschkewitz, Johannes Chrysostomus: Kirchengeschichte Russlands der neuesten Zeit, Bd. II. München/Salzburg: Pustet, 1966.

Gill, Joseph: Geschichte der ökumenischen Konzilien, Bd. 9: Konstanz und Basel-Florenz. Mainz: Matthias Grünewald, 1967.

Ivánka, Endre von/Tyciak, Julius/Wiertz, Paul (Hg.): Handbuch der Ostkirchenkunde. Düsseldorf: Patmos, 1971.

Kapsanis, Georgios: Schlusswort, in: Orthodoxos Typos (gr.) vom 26.6.1981, 463.

Kapsanis, Georgios: Vorwort, in: I Thibaida tou Borra (gr.). Athen, 1981, 7.

Karmiris, Johannes/Ivánka, Endre von: Repertorium der Symbole und Bekenntnisschriften der griechisch-orthodoxen Kirche in lateinischen [oder, in einigen Fällen, deutschen oder französischen] Übersetzungen. Düsseldorf: Patmos, 1969.

Kathpress Nr. 24 vom 2.2.1990, 11.

Kirche und Kirchengemeinschaft. Bericht der Internationalen Römisch-Katholisch–Altkatholischen Dialogkommission. Paderborn/Frankfurt a. M.: Bonifatius/Lembeck, 2009.

Rappert, Wolfgang Nikolaus (Hg.): Kirche in einer zueinander rückenden Welt. Neuere Aufsätze von Ernst Christoph Suttner zu Theologie, Geschichte und Spiritualität des christlichen Ostens. Würzburg: Augustinus, 2003.

Ratzinger, Joseph: Das neue Volk Gottes. Entwürfe zur Ekklesiologie. Düsseldorf: Patmos, [2]1970.

Sardes, Maximos von: Kanones, Kanonizität und kanonisches Bewusstsein, in: *ders.:* Das ökumenische Patriarchat in der orthodoxen Kirche. Freiburg i. Br.: Herder, 1980, 332–350.

Stan, L.: Diverse Aufsätze, in: OstKSt 30 (1981) 255–262.

Suttner, Ernst Christoph: Quellen zur Geschichte der Kirchenunionen des 16. bis 18. Jahrhunderts. Deutsche Übersetzung der lateinischen Quellentexte von Klaus und Michaela Zelzer mit Erläuterungen von Ernst Christoph Suttner. Hg.: Barbara Hallensleben/Nikolaus Wyrwoll. Freiburg i. Ue.: Institut für Ökumenische Studien der Universität Freiburg Schweiz, 2010.

Suttner, Ernst Christoph: Versuche auf Überwindung der Spaltung im 17. Jahrhundert, in: *ders.:* Quellen zur Geschichte der Kirchenunionen des 16. bis 18. Jahrhunderts. Freiburg i. Ue.: Institut für Ökumenische Studien der Universität Freiburg Schweiz, 2010, 94–120.

Suttner, Ernst Christoph: Das Konzil von Ferrara-Florenz als Bezugspunkt, in: *ders.:* Quellen zur Geschichte der Kirchenunionen des 16. bis 18. Jahrhunderts. Freiburg i. Ue.: Institut für Ökumenische Studien der Universität Freiburg Schweiz, 2010, 1–9.

Suttner, Ernst Christoph: Reform der theologischen Studien durch Patriarch Dositheos von Jerusalem, in: *ders.:* Kirche und Theologie bei den Rumänen von der Christianisierung bis ins 20. Jahrhundert. Freiburg i. Ue.: Institut für Ökumenische Studien der Universität Freiburg Schweiz, 2009, 96–110.

Suttner, Ernst Christoph: Staaten und Kirchen in der Völkerwelt des östlichen Europa. Freiburg i. Ue.: Academic Press, 2007.

Suttner, Ernst Christoph: Die eine Taufe zur Vergebung der Sünden. Zur Anerkennung der Taufe westlicher Christen durch die orthodoxe Kirche im Lauf der Geschichte, in: *Rappert, Wolfgang Nikolaus (Hg.):* Kirche in einer zueinander rückenden Welt. Neuere Aufsätze von Ernst Christoph Suttner zu Theologie, Geschichte und Spiritualität des christlichen Ostens. Würzburg: Augustinus, 2003, 249–295.

Suttner, Ernst Christoph: Ubi sacramenta, ibi ecclesia, in: *Rappert, Wolfgang Nikolaus (Hg.):* Kirche in einer zueinander rückenden Welt. Neuere Aufsätze von Ernst Christoph Suttner zu Theologie, Geschichte und Spiritualität des christlichen Ostens. Würzburg: Augustinus, 2003, 296–310.

Suttner, Ernst Christoph: Orthodoxes Eheverständnis aus der Sicht der Konzilien von Florenz und Trient, in: *Rappert, Wolfgang Nikolaus (Hg.):* Kirche in einer zueinander rückenden Welt. Neuere Aufsätze von Ernst Christoph Suttner zu Theologie, Geschichte und Spiritualität des christlichen Ostens. Würzburg: Augustinus, 2003, 751–766.

Suttner, Ernst Christoph: Der Wandel in der Ausübung des römischen Primats im Gefolge der Brester Union, in: *Marte, Johann (Hg.):* Internationales Forschungsgespräch der Stiftung Pro Oriente zur Brester Union. Zweites Treffen: 2.–8. Juli 2004. Würzburg, 2005, 111–118.

Suttner, Ernst Christoph: Kircheneinheit im 11. bis 13. Jahrhundert durch einen gemeinsamen Patriarchen und gemeinsame Bischöfe für Griechen und Lateiner, in: OstKSt 49 (2000) 314–324.

Suttner, Ernst Christoph: Gottesdienst in der orthodoxen Kirche, in: Liturgisches Jahrbuch 33 (1983) 30 –42.

Suttner, Ernst Christoph: Athoserneuerung und Ökumenismus, in: Una Sancta 38 (1983) 63–73.

Visser, Jan: Bericht, in: IKZ 100 (2010) 11–15.

Gottfried W. Locher

Zu «Kirche und Kirchengemeinschaft»

Bemerkungen aus evangelisch-reformierter Sicht zum Bericht der Internationalen Römisch-Katholisch–Altkatholischen Dialogkommission»[1]

1 Einleitung

Am selben Tag, da wir in Luzern den Bericht der Internationalen Römisch-Katholisch–Altkatholischen Dialogkommission besprachen, fand in Bonn eine Feier zum 25-jährigen Jubiläum eines anderen ökumenischen Dialogergebnisses mit altkatholischer Beteiligung statt: Die «Vereinbarung über eine gegenseitige Einladung zur Teilnahme an der Feier der Eucharistie» war 1985 zwischen dem Katholischen Bistum der Altkatholiken in Deutschland (AKD), der Evangelischen Kirche in Deutschland (EKD) und der Vereinigten Evangelisch-Lutherischen Kirche Deutschlands (VELKD) abgeschlossen worden. Der Vereinbarung gingen Lehrgespräche zwischen Lutheranern und Altkatholiken voraus, worauf der Rat der EKD in Absprache mit der Arnoldshainer Konferenz und der VELKD zusammen mit dem Katholischen Bistum der AKD eine Kommission mit der Ausarbeitung eines Konsenstextes beauftragt hatte. Diese Vereinbarung war von den beiden Kirchenleitungen ratifiziert worden, und der Dialog zwischen den evangelischen Kirchen und der altkatholischen Kirche wurde in der Folge weitergepflegt.

1 Paderborn und Frankfurt a. M. 2009 [= IRAD, Kirche und Kirchengemeinschaft].

Die Tatsache, dass an diesem Tag demnach gleich zwei Konsensdokumente mit altkatholischer Beteiligung diskutiert werden, illustriert den besonderen ökumenischen Platz, den die altkatholische Tradition im Ganzen der Westkirche einnimmt. Zusammen mit ihrer anglikanischen Schwester vereint sie eine der Kontinuität verpflichtete, aus der römischen Tradition heraus entwickelte, sich von dieser freilich teilweise distanzierende Kirchenlehre mit einer sich ebenso kontinuierlich dem Protestantismus annähernden Kirchenpraxis.

2 Altkatholisch-evangelische Ökumene

Der im Altkatholizismus fehlende Pflichtzölibat und insbesondere die Einführung der Frauenordination haben auf protestantischer Seite den Eindruck gefördert, es bestünden altkatholisch-protestantische Gemeinsamkeiten nicht nur im Hinblick auf die Kirchenpraxis, sondern auch bezüglich ekklesiologischer Fragen. Dieser Eindruck zeichnete sich freilich schon seit der altkatholischen Ablehnung eines Jurisdiktionsanspruchs des Petrusamtes und der Zurückweisung der beiden späten Mariendogmen, jenes der Immaculata von 1854 und jenes der Assumpta von 1950, ab. Die altkatholisch-lutherische Vereinbarung, deren 25-jähriges Jubiläum in Bonn gefeiert wurde, präsentiert sich dementsprechend als Beleg für die ökumenische Nähe, in der man sich Mitte der 1980er Jahre wähnte. Ausdrücklich wird Abendmahlsgemeinschaft festgehalten: «Die bisher festgestellten grundlegenden Übereinstimmungen erlauben uns, die Glieder unserer Kirchen gegenseitig zur Teilnahme an der Eucharistie einzuladen.»[2] Eucharistische Gastfreundschaft auf der Basis eines grundlegenden Konsenses unter Beibehaltung selbständiger kirchlicher Gestalten: Die gewählte Formulierung erinnert an das Ökumeneverständnis der vormaligen Leuenberger Kirchengemeinschaft und heutigen Gemeinschaft Evangelischer Kirchen in Europa, das mit dem

2 *Gesprächskommission zwischen AKD, EKD und VELKD*, Einladung § 7.

Stichwort der «versöhnten Verschiedenheit»[3] beschrieben wird. «Kirchengemeinschaft im Sinne dieser Konkordie bedeutet, dass Kirchen verschiedenen Bekenntnisstandes aufgrund der gewonnenen Übereinstimmung im Verständnis des Evangeliums einander Gemeinschaft an Wort und Sakrament gewähren.»[4] Eignet sich folglich die ökumenische Kurzformel der Protestanten nicht nur für den innerevangelischen Diskurs, sondern auch als Ökumenemodell für den evangelisch-altkatholischen Dialog?

Die Frage stand implizit schon 1985 bei der Vorstellung des Konsenspapiers durch die deutschen lutherischen und altkatholischen Kirchenleitungen im Raum. Doch die an die Vereinbarung anschliessenden Gespräche entwickelten sich offenbar nicht so, dass versöhnte Verschiedenheit tatsächlich wahrgenommen werden konnte. Aus «gemeinsamen Überlegungen» resultierte keine volle Kirchengemeinschaft zwischen den Lutheranern und Altkatholiken.

> «In der Folgezeit kam es in lutherischen und alt-katholischen Gesprächen zu gemeinsamen Überlegungen zum Abendmahl, zum kirchlichen Amt/Bischofsamt und zur Kirchengemeinschaft. Ziel war die volle gegenseitige Anerkennung und Kirchengemeinschaft der beiden Kirchen. Da die Ergebnisse sich jedoch als nicht kompatibel erwiesen mit Diskussionen innerhalb der Utrechter Union der alt-Katholischen Kirchen und auch innerevangelisch umstritten waren, konnte das Gespräch in diese Richtung nicht fortgesetzt werden.»[5]

3 *Vgl. Hüffmeier/Müller*, Versöhnte Verschiedenheit 7: «‹Versöhnte Verschiedenheit› wird in der LKG Hauptwort bleiben!»

4 *Hüffmeier*, Konkordie § 29.

5 *Gesprächskommission VELKD und AKD*, Überlegungen zur Realisierung weiterer Schritte auf dem Weg zur sichtbaren Kirchengemeinschaft von Alt-Katholischer Kirche in Deutschland und Vereinigter Evangelisch-Lutherischer Kirche Deutschlands: Abschlussdokument der bilateralen Gesprächskommission [=Abschlussdokument], Vorwort.

Aufgrund dieser Entwicklung nahmen die VELKD und das Katholische Bistum der Alt-Katholiken in Deutschland Ende 2004 eine weitere Gesprächsrunde in Angriff, die 2010 mit der Veröffentlichung des Dokumentes «Überlegungen zur Realisierung weiterer Schritte auf dem Weg zur sichtbaren Kirchengemeinschaft» abgeschlossen werden konnte, eines Dokumentes, das von den Kirchenleitungen entgegengenommen, nicht aber verabschiedet wurde.[6] Im Vorwort zu diesem neuen Konsenspapier wurde wiederum auf Formen gemeinschaftlichen kirchlichen Lebens verwiesen, dabei aber explizit eine «volle» Kirchengemeinschaft zum gegenwärtigen Zeitpunkt ausgeschlossen:

> «Zentral für das Dokument ist die Erkenntnis, dass eine volle Kirchengemeinschaft zwischen VELKD und AKD noch nicht möglich ist, dass aber dennoch zwischen den beiden Kirchen bereits Formen der Gemeinschaft bestehen und beide Kirchen aufgerufen sind, diese bereits bestehende Gemeinschaft zu leben und sichtbare Schritte weiterzugehen, um sie zu vertiefen (siehe § 30).»[7]

Die hier gewählte Formulierung ist in mehrerer Hinsicht aufschlussreich. Erstens wird als Ziel der ökumenischen Bestrebungen «volle Kirchengemeinschaft» angegeben. Der Text definiert eine solche als «gegenseitige Anerkennung der beteiligten Konfessionen als Verwirklichung der einen Kirche Jesu Christi»[8]. In einer so definierten Kirchengemeinschaft müssten die beteiligten Kirchen nicht fusionieren und könnten ihr konfessionelles Erbe bewahren. Sie seien verbunden durch die Gemeinschaft in Wort und Sakrament, und die verbleibenden Unterschiede hätten dann keine kirchentrennende Bedeutung mehr.

Zweitens bringt der Verweis auf «die beiden Kirchen» implizit eine gegenseitige Anerkennung des jeweiligen Kirche-Seins mit

6 Ebd.

7 Ebd.

8 *Gesprächskommission VELKD und AKD*, Abschlussdokument 5.

sich. Die gewählte inklusive Formulierung legt jedenfalls gerade keine Distanzierung vom jeweils anderen Kirchenverständnis nahe, was im Kontext altkatholisch-protestantischer Ökumene nicht als selbstverständlich zu betrachten ist. So bleibt eine gewisse Spannung zwischen einer gegenseitigen Anerkennung des Kirche-Seins einerseits und der gleichzeitig konstatierten noch ausstehenden gegenseitigen Anerkennung als Verwirklichung der einen Kirche Jesu Christi andererseits bestehen.

Drittens wird eine «bereits bestehende Gemeinschaft» konstatiert, die von einer zwar nicht unmittelbar realisierbaren, weiterhin aber anzustrebenden «vollen Kirchengemeinschaft» unterschieden wird. Indem die bereits bestehende Gemeinschaft als eine durch sichtbare Schritte kontinuierlich zu vertiefende dargestellt wird, wird eine zwar graduelle, nicht aber kategorische Differenz zwischen der heutigen und der anzustrebenden Gemeinschaft behauptet. Der Weg von der teilweisen zur vollen Kirchengemeinschaft ist demnach primär als Vertiefung des schon Bestehenden zu begreifen.

3 Kongruenz ökumenischer Dialogergebnisse

Aus evangelisch-reformierter Sicht interessiert nun, inwiefern ein so verstandenes Ökumenemodell mit den vorliegenden Ergebnissen des Berichts der Internationalen Römisch-Katholisch–Altkatholischen Dialogkommission (IRAD) kompatibel ist. Wie tragfähig präsentiert sich im nun vorliegenden Bericht die zwischen römisch-katholischen und altkatholischen Theologen erarbeitete ekklesiologische Grundlage für eine altkatholisch-protestantische, im Kontext der Schweiz insbesondere auch christkatholisch-reformierte Kirchengemeinschaft?

Legitim scheint diese Rückfrage nicht allein deswegen, weil ökumenische Fortschritte auf die Kongruenz aller von Vertretern einer kirchlichen Tradition gegenüber weiteren Dialogpartnern gemachten Aussagen angewiesen sind. Konsensdokumente beeinflussen durch ihre dogmatischen Aussagen nicht nur die

Einheitsbestrebungen zwischen den direkt beteiligten Dialogpartnern, sondern positionieren gleichzeitig die sich in Konsensdokumenten festlegenden kirchlichen Traditionen im Ganzen der Ökumene. Wenn also römisch-katholisch–altkatholische Übereinstimmungen festgehalten werden, dann positionieren sich die beiden Gesprächspartner nicht nur einander gegenüber, sondern – was hier interessiert – auch gegenüber dem Protestantismus.

Legitim ist die Frage auch aus der inneren Logik des Berichts heraus. Programmatisch gibt die Dialogkommission in der Präambel ihrer Hoffnung Ausdruck, «dass die hier dargelegten Überlegungen auch bei anderen Einheitsbemühungen ein Modell für eine Kirchengemeinschaft mit Rom sein könnten»[9], was eine Alternative zum Modell der «Rückkehr-Ökumene» darstelle. Der Bericht reklamiert also ausdrücklich multilaterale interkonfessionelle (genauer «multi-traditionelle») Bedeutsamkeit. Diesem Anspruch angemessen ist die im Bericht gewählte Methode, «immer wieder auch Texte derjenigen Dialoge, die die beiden Kirchen je mit anderen Kirchen geführt haben, zu berücksichtigen, um so deren Vernetzung und gegenseitige Rezeption zu stärken»[10]. Im Folgenden stehen deshalb weniger die noch vorhandenen Differenzen zwischen römisch-katholischer und altkatholischer Kirchenlehre, sondern vor allem ihr ekklesiologischer Konsens zur Debatte, insbesondere jene Aspekte dieses Konsenses, in denen die gemeinsame Differenz gegenüber protestantischer Ekklesiologie zum Ausdruck kommt. Solche Aspekte kommen in der Präambel und in den ersten drei Kapiteln des Dokumentes (Kap. 2–4) zur Sprache und werden im Folgenden behandelt.

9 *IRAD*, Kirche und Kirchengemeinschaft § 4.

10 Ebd.

4 Ekklesiologische Konsensaussagen

4.1 In der «Präambel»

Bemerkenswert ist aus protestantischer Sicht erstens die Feststellung, «dass die im Gefolge des Ersten Vatikanischen Konzils eingetretene – im Fall der Kirche von Utrecht vertiefte – Entfremdung und Trennung zwischen Römisch-Katholiken und Altkatholiken ein innerkatholisches Problem darstellt»[11]. Der hier zur Anwendung kommende Begriff «innerkatholisch» wirft die Frage des damit angegebenen Horizonts auf. Beschränkt er sich auf die deskriptiv konfessionskundliche Ebene, indem er Konfessionen mit dem Attribut des Katholischen im Namen zueinander in Beziehung setzt? Oder versteht er sich umfassender, also auch attributiv, im Sinne einer ekklesiologischen Qualifizierung? In der Logik dieser Präambel können ökumenische Problemstellungen offenbar danach unterschieden werden, ob sie innerkatholisch oder nicht innerkatholisch sind. Ein «innerkatholisches» Problem kann demnach sinnvollerweise nur als solches verstanden werden, wenn darüber hinaus auch «nichtkatholische», quasi «ausserkatholische» Probleme kirchlicher Einheit existieren. So wenig Schwierigkeiten diese Unterteilung in konfessionskundlicher Hinsicht mit sich bringt, so folgenreich ist sie doch als ekklesiologische Aussage. Sind die Herausforderungen, die sich in der Ökumene zwischen altkatholischer bzw. römisch-katholischer und evangelischer Kirchentradition ergeben, demnach nicht als «innerkatholisches» Problem zu begreifen? Wenn in dieser Logik die aus der Reformation hervorgegangenen kirchlichen Traditionen nicht zum Bereich des Katholischen zu zählen sind, wie soll denn von «den beiden Kirchen»[12] gesprochen werden, wie es der altkatholisch-lutherische Text tut? Das würde doch heissen, dass im Gespräch zwischen AKD und VELKD de facto von einer nicht-katholischen

11 *IRAD,* Kirche und Kirchengemeinschaft § 2.

12 *Gesprächskommission VELKD und AKD, Abschlussdokument,* Vorwort.

und dennoch von der katholischen Seite her zu anerkennenden Kirche die Rede wäre. Welcher altkatholische Kirchenbegriff zählte Katholizität nicht unverzichtbar zur Wesensbeschreibung der wahren Kirche? Die in der Präambel gewählte Formulierung schliesst den Protestantismus implizit aus dem Bereich des Katholischen aus und steht dadurch in Spannung zum Anspruch, dass der Bericht «auch bei anderen Einheitsbemühungen ein Modell für die Kirchengemeinschaft mit Rom»[13] darstellen könnte.

4.2 Ekklesiologische Konsensaussagen in «Die Kirche – trinitarisch-soteriologische Grundlegung»

Die auf die Präambel folgende Beschreibung des Wesens der Kirche beginnt mit einer trinitarisch-soteriologischen Grundlegung der Kirche, die – um in obiger Terminologie zu bleiben – jedenfalls einem nicht nur innerkatholischen Konsens entspricht: «Der eine und einzige Grund der Kirche ist das ein für alle Mal geschehene Heilswerk Gottes in Jesus Christus.»[14] Insbesondere die Feststellung, dass «das trinitarische Glaubensbekenntnis somit schon in der Urgestalt des Christusbekenntnisses mit angesetzt»[15] ist, nimmt eine Formulierung aus dem lutherisch–römisch-katholischen Dialog auf; Kirche ist Gemeinschaft durch, mit und in Christus.[16] Eindeutiger als in protestantischer Kirchenlehre wird hingegen die sichtbare Dimension der Kirche als nicht primär menschliche Institution dargestellt: «Die Kirche als die vom dreieinigen Gott ins Leben gerufene Gemeinschaft der Gläubigen ist eine gottgeschaffene menschliche Wirklichkeit und ihrem Wesen nach ein Mysterium.»[17] Ausdrücklich wird ein Verständnis von Kirche abgelehnt, das dazu neige, «sie nur oder primär als gesell-

13 *IRAD*, Kirche und Kirchengemeinschaft § 4.

14 A. a. O. § 5.

15 Ebd.; vgl. L-RK/8, in: *Meyer/Papandreou/Urban*, Dokumente wachsender Übereinstimmung III, 323.

16 Vgl. *IRAD*, Kirche und Kirchengemeinschaft § 6.

17 A. a. O. § 7.

schaftliches Phänomen auf Seiten der Menschen zu sehen.»[18] Die Bezeichnung der Kirche als Mysterium gehört so wenig zum protestantischen Grundwortschatz einer Wesensbeschreibung der Kirche wie das aus der Konstitution über die heilige Liturgie des Zweiten Vatikanums übernommene Verständnis der Kirche als «Sakrament der Einheit».[19] Hier kommt ein Kirchenverständnis zum Ausdruck, das sich durch die sakramentale Qualität der verfassten Institution vom protestantischen, eher pragmatisch-funktionalen als instrumentell-heilsgeschichtlichen Kirchenverständnis unterscheidet:

> «Die Kirche gründet in dem Wort des dreieinigen Gottes. Sie ist Geschöpf des zum Glauben rufenden Wortes, durch das Gott den von ihm entfremdeten und ihm widersprechenden Menschen mit sich versöhnt und verbindet, indem er ihn in Christus rechtfertigt und heiligt, ihn im Heiligen Geist erneuert und zu seinem Volk beruft.
> So ist die Kirche das in Christus erwählte Volk Gottes, das vom Heiligen Geist gesammelt und gestärkt wird auf dem Weg durch die Zeit zur Vollendung im Reich Gottes.»[20]

Diese ekklesiologische Differenz bestätigt sich in der Betonung der Siebenzahl der Sakramente, deren soteriologische und katholizitätsverwirklichende Bedeutung in fast wörtlicher Übernahme einer römisch-katholischen Stellungnahme gegenüber den Lutheranern aus dem Jahr 1980 wiedergegeben wird: «In jedem [der sieben Sakramente] sieht der katholische Glaube den Herrn gnadenvermittelnd und einheitsstiftend am Werk. In jedem geht es zusammen mit dem einzelnen Empfänger immer auch um die gesamte Kirche [...]»[21] Der allgemeinen Sakramentendefinition folgt im Bericht eine spezielle für jedes einzelne Sakrament,

18 Ebd.

19 A. a. O. § 11; vgl. dazu SC 26.

20 *Hüffmeier*, Kirche Jesu Christi 22.

21 *Gemeinsame Römisch-katholische/Evangelisch-lutherische Kommission*, Wege 300.

wodurch die Differenz zum protestantischen Sakramentenverständnis evident wird. Einzig der Abschnitt zum Taufverständnis präsentiert sich als weitgehend mit protestantischer Tauftheologie kompatibel (unter dem für den Vollzug nicht unwesentlichen Vorbehalt, dass ein Eintauchen und Übergiessen des Täuflings ausdrücklich verlangt wird,[22] was in evangelisch-reformierter Tradition so nicht verbindlich festgelegt ist). Freilich limitiert das römisch-katholische/altkatholische Verständnis der Einheit von Taufe, Firmung und Erstkommunion in einem zeitlich zwar gestaffelten, aber integralen Prozess der sakramentalen Initiation die Parallelen mit protestantischer Ekklesiologie, worin der Begriff einer über die Taufe hinausweisenden kirchlichen Initiation keine zentrale Rolle spielt.

Offensichtlich wird die Differenz zur protestantischen Sakramentenlehre bei der Definition der heiligen Eucharistie als «Mittelpunkt des ganzen Lebens der Kirche»[23], einer Formulierung in augenfälliger Parallelität zur Dogmatischen Konstitution über die Kirche des Zweiten Vatikanischen Konzils, wo das eucharistische Opfer als Quelle und Höhepunkt des ganzen christlichen Lebens dargestellt wird (LG 11). Hier wird ein grundlegender römisch-katholisch–altkatholischer Konsens formuliert. Insbesondere wird festgehalten, dass sich altkatholische Skepsis gegenüber dem Begriff der Transsubstantiation nicht gegen die vom Tridentinum damit intendierte Vorstellung der *conversio* bzw. *metabolē* wende. Eine solche Vorstellung stehe in Einklang mit der altkirchlichen Tradition, so dass heute eine «wesentliche Übereinstimmung in Lehre und Liturgie»[24] festgestellt werden könne. Die gemeinsame Differenz gegenüber protestantischem Abendmahlsverständnis ist augenfällig.

Ähnliches lässt sich im Hinblick auf das Verständnis des Ordo ausmachen. Das dreigliedrige Weiheamt, dessen gültige

22 *IRAD*, Kirche und Kirchengemeinschaft § 12.

23 Ebd.

24 Ebd.

Spendung durch die in der apostolischen Sukzession stehenden Bischöfe erfolgt, findet sich sowohl in der römisch-katholischen als auch in der altkatholischen Amtslehre. Ausdrücklich wird auf das in der Weihe verliehene unauslöschliche Prägemal verwiesen. Protestantische Theologie kennt zwar ebenfalls die Vorstellung des *character indelebilis*, aber sie beschränkt diesen auf die Taufe und verwendet ihn ausdrücklich nicht im Kontext der Ordination. Karl Barth etwa versteht alle Getauften als Träger eines *character indelebilis*, der eine «Bestätigung und Ausrüstung» des Getauften zur Verherrlichung Gottes im Aufbau der Kirche Jesu Christi sei: «Sie ist wirklich ein Unzerstörbares, auf das er unter allen Umständen anzusprechen ist und an das er sich unter allen Umständen halten darf.»[25] Eine explizite Parallele zum *character indelebilis* findet sich nicht im protestantischen Ordinationsverständnis. Zwar wird grundsätzlich auch von einer lebenslang gültigen Ordination ausgegangen, und insofern gäbe es durchaus einen Anknüpfungspunkt zur Vorstellung des unauslöschlichen Prägemals. Ohne sakramentale Qualität des Ordinationsgeschehens bleibt aber eine kategoriale Differenz zum Weiheamt, wie es im vorliegenden Bericht zum Ausdruck kommt, bestehen.

Ebenso grundlegend ist der protestantische Verzicht auf das wesentlich dreigliedrige Amt. Nach evangelischer Auffassung ist das geistliche Amt in sich nicht hierarchisch geordnet, die Vorstellung von Weihestufen ist protestantischerseits unbekannt. Das zeigt sich etwa am Verständnis der personalen *episkopē*, die nach protestantischem Verständnis zwar gewöhnlich von ordinierten Geistlichen ausgeübt wird, nicht aber ein geistliches Amt sui generis darstellt. Das Bischofsamt wird in den Reformationskirchen primär funktional, nicht ontologisch definiert. Seinem Wesen nach ist es identisch mit jedem geistlichen Amt, in das hinein ordiniert wird. Dieser Unterschied zwischen römisch-katholisch–altkatholischem Konsens und der protestantischen Auffassung lässt sich nicht auf unterschiedliche institutionelle

25 *Barth*, Taufe 47.

Praxis reduzieren, sondern ist von grundsätzlicher ekklesiologischer Bedeutung. Er ist sowohl Ausdruck einer Differenz im Traditionsverständnis als auch einer Differenz hinsichtlich der inneren Einheit von Liturgie und *episkopē*, insofern im protestantisch-funktionalen Verständnis die Liturgie keinen unverzichtbaren Bestandteil der *episkopē* darstellt. Der Verzicht auf den hierarchisch geordneten *ordo* entsakramentalisiert die personale *episkopē* und verändert damit das Bischofsamt grundlegend gegenüber alt- und römisch-katholischer Amtslehre.

Auch hinsichtlich des sakramententheologischen Verständnisses von Einzelbeichte, Krankensalbung und Ehe konstatiert der Bericht einen weitreichenden römisch-katholisch–altkatholischen Konsens. Nennenswert ist allenfalls eine gewisse Spannung zwischen der konsensualen Betonung grundsätzlicher Unauflöslichkeit der Ehe einerseits und einer altkatholischen liturgischen Praxis, die aus so genannt pastoralen Gründen auch Geschiedene traut und zur Eucharistie zulässt.[26] Insofern werden jenseits sakramententheologischer Positionen im Vollzug des kirchlichen Lebens Parallelen zur protestantischen Tradition, in der der Ehe keine sakramentale Qualität eignet, erkennbar. Grundsätzlich lässt sich dennoch im vorliegenden Konsensdokument ein Sakramentenverständnis feststellen, das sich nicht nur in sechs von sieben Einzelsakramenten massgeblich von protestantischer Theologie unterscheidet, sondern vor allem in der Vorstellung von der Kirche als Sakrament der Einheit keine unmittelbaren Anknüpfungspunkte für protestantische Ekklesiologie erkennen lässt.

4.3 Ekklesiologische Konsensaussagen in «Lokale, regionale und universale Dimensionen der Kirche»

Das anschliessende Kapitel «Lokale, regionale und universale Dimensionen der Kirche» beginnt mit einer Darstellung von

26 *IRAD*, Kirche und Kirchengemeinschaft § 12.

kirchlichen Grundvollzügen, die sich als *martyria*, *leitourgia* und *diakonia* beschreiben lassen.[27] Diese Darstellung beruht auf einem Konsens, der über die beiden am vorliegenden Bericht beteiligten Traditionen hinausreicht und den Protestantismus mit einschliesst. Allerdings endet dieser ökumenisch umfassende Konsens dort, wo einerseits die Eucharistie als Mitte aller dieser Grundvollzüge beschrieben wird und andererseits dem Bischofsamt eine «Erstverantwortung»[28] für deren Realisierung zugesprochen wird. So einstimmig der römisch-katholisch–altkatholische Konsens den «einen Bischof als [den] eigentlichen Vorsteher der Eucharistiefeier und [den] Träger der personalen *episkopē* für das Bleiben der Ortskirche in der Wahrheit»[29] definiert, so eindeutig lehnt protestantische Kirchen- und Ämterlehre diese Definition ab. Es besteht zwar Übereinstimmung in der Benennung der kirchlichen Grundvollzüge *martyria*, *leitourgia* und *diakonia*, aber deren geschichtliche Manifestationen unterscheiden sich im Protestantismus von dem, was der Bericht als römisch-katholisch–altkatholischen Konsens festhält.

Eine vergleichbare Divergenz von Benennung und Verwirklichung birgt der Begriff der Ortskirche in sich: «Jede Ortskirche ist eine Vergegenwärtigung der einen, heiligen, katholischen und apostolischen Kirche, von der das ökumenische Glaubenssymbol von Nizäa-Konstantinopel spricht.»[30] Protestantische Kirchenlehre teilt diese Sicht.[31] Das gilt in der Beschreibung ortskirchlicher Katholizität auch für die folgende Definition, freilich ohne

27 A. a. O. § 13.

28 Ebd

29 A. a. O. § 14.

30 A. a. O. § 16.

31 Vgl. z. B. *Hüffmeier*, Kirche Jesu Christi, 2.3 (Die Eigenschaften der geglaubten Kirche): «Die Kirche ist die durch den Heiligen Geist durch Wort und Sakrament gegründete Gemeinschaft der Glaubenden. Sie ist kraft ihres Ursprungs durch ‹ursprüngliche› oder Wesenseigenschaften gekennzeichnet, die in den Glaubensbekenntnissen der alten Kirche ihren Niederschlag finden. Sie ist in allen Kirchen die eine, heilige, katholische (allumfassende), apostolische Kirche.»

dass die Teilhabe der Kirche am Heilsgeschehen protestantischerseits als «sakramental» bezeichnet würde:

> «[Jede Ortskirche] ist katholisch, weil sie einerseits an der ganzen, Gott und Mensch, Himmel und Erde umfassenden Wirklichkeit des Heils und der Wahrheit sakramental teilhat und darin ihre Einheit findet und weil sie andererseits mit anderen Ortskirchen, in denen sie ihr eigenes, in der göttlichen Zuwendung gründendes Wesen erkennt und anerkennt, in Einheit und Gemeinschaft verbunden ist.»[32]

Bezüglich der Definition der Ortskirche herrscht also kein grundsätzlicher Dissens. Wo aber die sichtbar realisierte und historisch fassbare Gestalt einer solchen Ortskirche in den Blick kommt, endet der Konsens. Manifest wird das beispielsweise am Amtsverständnis:

> «Die Ortskirchen, die derart miteinander verbunden sind, erkennen und anerkennen durch alle örtlichen und kulturellen Besonderheiten hindurch in den anderen dieselbe Wirklichkeit des Mysteriums der Kirche. Kennzeichen dieser Identität sind der gemeinsame apostolische Glaube, die gemeinsamen Grundformen des sakramental-liturgischen Lebens und die gemeinsamen Grundprinzipien der kirchlichen Ordnung mit dem dreigliedrigen Amt.»[33]

Dem hält protestantische Ämterlehre entgegen, «dass keine einzelne, historisch gewordene Form von Kirchenleitung und Amtsstruktur als Vorbedingung für die Gemeinschaft und für die gegenseitige Anerkennung gelten darf oder kann.»[34] Das dreigliedrige Amt ist demnach ausdrücklich kein unverzichtbares Kennzeichen einer gemeinsamen Identität der Ortskirchen. Die Diver-

32 *IRAD*, Kirche und Kirchengemeinschaft § 16.

33 Ebd.

34 *Leuenberger Kirchengemeinschaft*, Tampere-Thesen, These 3.

genz von Bestimmung und Verwirklichung wiederholt sich in der Beschreibung der universalen Dimension von Kirche:

> «Die Einheit und Gemeinschaft der Ortskirchen in ihren unterschiedlichen überörtlichen Ausdehnungen bis hin zur universalen Dimension ist jeweils auch eine Vergegenwärtigung der Una Sancta, und zwar als Gemeinschaft von Ortskirchen, als communio ecclesiarum bzw. als communio communionum ecclesiarum. Dabei eignet in diesen Gemeinschaften von Ortskirchen jeder Ortskirche in gleicher Weise die volle Katholizität. Darum sind die einzelnen Ortskirchen auch für die überörtliche und universale Gemeinschaft mitverantwortlich. Denn die lokale Kirche ist ganz Kirche, aber nicht die ganze Kirche.»[35]

Hier steht nichts, was nicht auch protestantischerseits Zustimmung finden würde. Wo aber die geschichtliche Gestalt der Gemeinschaft von Ortskirchen benannt wird, werden die Unterschiede erkennbar:

> «Die Verantwortung für die Gemeinschaften der Ortskirchen und ihr gemeinsames Zeugnis haben primär die Bischöfe in synodalen Beratungen wahrzunehmen und in der gemeinsamen Eucharistiefeier zum Ausdruck zu bringen.»[36]

Die Bischöfe als Träger und ihre gemeinsam gefeierte Eucharistie als Ausdruck der Katholizität: Was römisch-katholische und altkatholische Ekklesiologie kennzeichnet und eint, unterscheidet beide kirchlichen Traditionen ebenso gemeinsam von den aus der Reformation hervorgegangenen Traditionen.

4.4 Ekklesiologische Konsensaussagen in «Personale, kollegiale und gemeinschaftliche Verantwortung für die Einheit der Kirche und ihr Bleiben in der Wahrheit»

35 *IRAD*, Kirche und Kirchengemeinschaft § 17.

36 A. a. O. § 18.

Und noch einmal lässt sich die Divergenz von Bestimmung und Verwirklichung feststellen, diesmal in der Beschreibung der drei Dimensionen von *episkopē*.

> «Zu den Gaben, die Gott der Kirche […] gegeben hat, zählen auch unterschiedliche Ämter und Dienste. Zu ihrer Sendung gehört es, die Einheit der Kirche […] zum Ausdruck zu bringen und zu bewahren. Diese besonderen Aufgaben werden in personaler, kollegialer und gemeinschaftlicher Verantwortung (*episkopē*) wahrgenommen, und zwar sowohl in der Ortskirche als auch in der überörtlichen (regionalen und universalen) Gemeinschaft von Ortskirchen.»[37]

Die Rede von dreidimensionaler, also zugleich personaler, kollegialer und gemeinschaftlicher *episkopē* ist seit den «Konvergenzerklärungen über Taufe, Eucharistie und Amt» (Lima-Papier) von 1982 auch im Protestantismus gebräuchlich. Grosse Teile der lutherischen und der reformierten Tradition kennen neben kirchenleitenden Laienbehörden auch personale Leitungsämter in der Gestalt von Landessuperintendenten, Bischöfen oder Kirchenpräsidenten. Diese nehmen ihrerseits als Kollegium einen Dienst an der (z. B. landesweiten) Einheit aller ihrer Ortskirchen wahr.

Der entscheidende Unterschied zur altkatholischen/römisch-katholischen Lehre liegt deshalb nicht in der dreidimensionalen Struktur der *episkopē*, sondern in ihrer inneren Beziehung zum ordinierten geistlichen Amt. Aus römisch-katholischer/altkatholischer Sicht ist diese innere Beziehung gegeben. So hält der Bericht fest: «In der Ortskirche ist der Bischof der Träger der personalen *episkopē*, der seinen Leitungsdienst in Verbindung mit den übrigen Teilhabern am apostolischen Amt (Presbyterkollegium, Diakonat) […] wahrnimmt.»[38]

37 A. a. O. § 20.

38 A. a. O. § 21; die Auslassung lautet: «und mit dem Glaubenszeugnis aller Getauften». In der gegebenen Formulierung wird zwar eine Nähe des Glaubenszeugnisses aller Getauften zum Leitungsdienst des Episkopen festgehalten.

Die *episkopē* ist demnach zentral an die Person des *episkopos* gebunden. Von ihm ergeht ein kollegialer Leitungsauftrag an den ganzen *ordo* seiner Diözese. Laien können ebenfalls in die Leitungsverantwortung eingebunden werden. Sie bleiben dabei aber dem Bischofsamt, also dem Träger der personalen *episkopē*, unterstellt. Im Protestantismus gestaltet sich die Beziehung tendenziell umgekehrt: Die ordinierten Träger personaler *episkopē* werden vom ganzen Volk Gottes, d.h. auch von Nichtordinierten für ihren Dienst mandatiert; sie können von diesem Dienst durch dieselben grundsätzlich demokratisch strukturierten Prozesse auch wieder entbunden werden. Im Ganzen der Ortskirche verantworten protestantische Träger personaler *episkopē* deshalb nur einen Teil der gesamten *episkopē*; insbesondere deren gemeinschaftliche Dimension wird paritätisch – mancherorts sogar mehrheitlich – von Nichtordinierten ausgeübt. Synodalität impliziert hier massgebliche Laienbeteiligung im Leitungsdienst. Anders der römisch-katholisch–altkatholische Konsens im Bericht: «In der überörtlichen (bis hin zur universalen) Gemeinschaft der Ortskirchen sind die Träger der *episkopē* in erster Linie die Bischöfe, welche die Ortskirchen auf synodalen Versammlungen vertreten […]»[39]

So ist zu konstatieren: Auch die in der Definition durchaus konsensuale Rede von personal-kollegial-gemeinschaftlicher *episkopē* bringt in ihrer Verwirklichung unterschiedliche Kirchenverständnisse zum Ausdruck. Während in der einen Tradition die Person des Bischofs für Wahrheit und Einheit des Glaubens und der Gemeinschaft bürgt, tendiert die andere Tradition zum Inversen: Die Person des Bischofs oder Superintendenten ist viel-

---

Dadurch wird aber auch die Differenz zwischen Leitungsdienst (an das geistliche Amt gebunden) und Glaubenszeugnis (dem ganzen Gottesvolk aufgetragen) angezeigt.

39 A. a. O. § 22; die Auslassung lautet: «und gegebenenfalls zusammen mit anderen Gliedern des Gottesvolkes die Aufgabe des Suchens, Findens und Verkündens der Wahrheit übernehmen». Man beachte, dass die beschriebenen Aufgaben keine Entscheidungsbefugnis beinhalten.

mehr die Funktion dessen, was in einer Ortskirche von der Gemeinschaft des Volkes Gottes als Wahrheit und Einheit des Glaubens erkannt worden ist. Die weitgehend demokratischen Verfassungen protestantischer Kirchen begünstigen die Wahl einer Person, die mehrheitsfähige Positionen auch in Glaubensfragen mit sich bringt. Personale *episkopē* wird entsprechend weniger als Angelpunkt der Kirchenleitung überhaupt verstanden, sondern ist vielmehr eine von der gemeinschaftlichen *episkopē* abgeleitete, von ihr mandatierte und in letzter Konsequenz ihr unterstellte Leitungsgestalt. Die theologische Legitimation einer solchen Einordnung des geistlichen Amtes in die nicht-ordinierte *episkopē* ist in einem Ordinationsverständnis zu suchen, das keinen sakramentalen Charakter reklamiert und folglich auch keinen *character indelebilis* mit sich bringt. Bleibt aber die ontologische Qualität des Ordinierten dieselbe wie diejenige aller Getauften, dann wird die ordinierte Person der Gemeinde auch nicht *in persona Christi capitis* gegenübertreten (können). Ohne Verankerung personaler *episkopē* in der Eucharistiefeier fällt die theologische Legitimation eines Vorranges der personalen Dimension von ordinierter *episkopē* in Kirche und Gemeinde. Insofern gilt es, im Protestantismus ein grundlegend anderes Verständnis des Bischofsamtes, als im vorliegenden Bericht festgehalten wird, zur Kenntnis zu nehmen. Denn hier weist gerade auch die altkatholische Seite darauf hin, «dass […] der Bischof als Vorsteher der Eucharistiefeier in seinem Dienst der Verkündigung, der Heiligung und der Leitung der zugeordneten kirchlichen Gemeinschaft Jesus Christus repräsentiert».[40]

5 Schluss

Der Bericht geht in den noch verbleibenden Kapiteln zu Fragen über, die in besonderer Weise für den Dialog zwischen der römisch-katholischen und der altkatholischen Kirche von

40 A. a. O. § 69.

Bedeutung sind. Dazu zählen insbesondere der Entwurf einer auch für Altkatholiken akzeptablen Beschreibung des päpstlichen Primats, die altkatholische Selbstverpflichtung, die Ablehnung der beiden Mariendogmen von 1854 und 1950 zu überdenken und die Feststellung, dass sich hinsichtlich der Frauenordination noch kein Lösungsweg abgezeichnet hat. Die abschliessenden kirchenrechtlichen Themen betreffen zusätzlich Regelungen im Umgang mit ehemals römisch-katholischen Gläubigen, insbesondere auch Geistlichen, die zur altkatholischen Kirche übergetreten sind. Es ist offensichtlich, dass eine Reihe von offenen Fragen noch ihrer Lösung harren.[41]

Für die Beurteilung des Dokumentes aus protestantischer Sicht erweist sich die im Bericht festgestellte römisch-katholisch–altkatholische Übereinstimmung im grundlegenden Verständnis der Kirche von vorrangiger Bedeutung. Im ekklesiologisch Grundsätzlichen herrscht gleichsam «konsensualer Dissens» gegenüber dem Protestantismus. Daran ändert die eingangs erwähnte Nähe der altkatholischen zur protestantischen Kirchenpraxis nichts. Mit dieser Einsicht gilt es zur Frage zurückzukehren, wie tragfähig angesichts dieses römisch-katholisch–altkatholischen konsensualen Dissenses die Grundlage für eine zu vertiefende Kirchengemeinschaft zwischen Kirchen der altkatholischen und der reformatorischen Traditionen ist. Immerhin wird ja, wie eingangs dargestellt, andernorts zeitgleich eine solche Gemeinschaft als Ziel ökumenischer Bestrebungen zwischen den beiden Traditionen angegeben. Eine Antwort erschliesst sich aufgrund der abschliessenden beiden Erkenntnisse.

Erstens: Eine grundsätzliche Übereinstimmung im Kirchenverständnis bedingt Konsens darüber, was kirchenkonstitutiv ist. Diesbezüglich herrscht zwar ein teilweiser Konsens mit den Reformationskirchen: Auch diese begreifen Christus als den

41 Vgl. 6.3.1 Offene Fragen zur Ekklesiologie; 6.3.2 Offene Fragen zu den Mariendogmen von 1854 und 1950; 6.3.3 Die Frage der Ordination von Frauen zum priesterlichen Dienst; 6.3.4 Offene Fragen kirchenrechtlicher Natur aus römisch-katholischer Sicht.

einen und einzigen Grund der Kirche. Auch Reformationskirchen kennen eine lokale, eine regionale und eine universale Dimension der Kirche; und auch sie definieren personale, kollegiale und gemeinschaftliche (synodale) Aspekte der *episkopē*. Keine unmittelbare Übereinstimmung ist aber in der fundamentalen Frage erkennbar, inwiefern die Kirche in ihrer geschichtlich manifesten Gestalt als sakramentale Wirklichkeit zu beschreiben ist. Implizit, zuweilen auch explizit beschränkt reformatorische Ekklesiologie die *notae* bzw. *attributa ecclesiae* auf den Bereich der geglaubten und – in der Logik reformatorischer Kirchenlehre – deshalb mit der geschichtlich manifesten Kirche nicht identischen *ecclesia una, sancta, catholica et apostolica*. Das reformatorische Konzept der *ecclesia invisibilis* steht noch immer unversöhnt neben der altkatholischen/römisch-katholischen Vorstellung der Kirche als Mysterium.

Und zweitens: Kirchengemeinschaft bedingt eine grundsätzliche Übereinstimmung im Kirchenverständnis. Der heutige Stand der ökumenischen Diskussion kann vermutlich nicht als Ausdruck einer solchen grundsätzlichen Übereinstimmung charakterisiert werden; insofern wird jeder Versuch, über Konkretionen kirchlicher Existenz (z.B. das personale Bischofsamt, Wesen und Zahl der Sakramente, das Verständnis der Tradition, die hierarchische Verfassung der Kirche) Einigung zu erzielen, früher oder später auf die dahinterliegende ekklesiologische Grunddifferenz rückverweisen. Fortschritte auf dem Weg zu altkatholisch-reformatorischer Kirchengemeinschaft (und *mutatis mutandis* zur Möglichkeit einer römisch-katholisch–reformatorischen Annäherung ekklesiologischer Positionen) bedingen deshalb *die Eröffnung eines reformatorischen Zugangs zur sakramentalen Existenz der Kirche*. Solange sie nicht gelingt, fehlt die Grundvoraussetzung für Annäherungen mindestens in der Amtsfrage und in der Sakramententheologie. Die ekklesiologische Integration einer sakramentalen Verfassung der geschichtlich manifesten Kirche gehört deshalb prioritär auf die Agenda weiterer ökumenischer Dialoge. Eine Bewegung hin zu einer Kirchengemeinschaft, die die reformatorischen und die altkatholische bzw. römisch-katholische Tradition umfasst, bedingt eine Bewegung hin zu einem von allen Traditionen getragenen Kirchenverständnis. Dieses muss vermutlich nicht in alle Aspekte der historisch manifesten Kirche ausdifferenziert werden; aber im Wesentlichen ist Konsens unverzichtbar für Kirchengemeinschaft. Substanzielle nächste Schritte auf dem Weg der Annäherung zwischen altkatholischer bzw. römisch-katholischer Kirche und Kirchen, die aus der Reformation des 16. Jahrhunderts hervorgegangen sind, würden dann denkbar.

Literaturverzeichnis

Barth, Karl: Die kirchliche Lehre von der Taufe. Zollikon: Evangelischer Verlag, ^{4}1953.

Gemeinsame Römisch-katholische/Evangelisch-lutherische Kommission: Wege zur Gemeinschaft. 1980, in: *Meyer, Harding/ Papandreou, Damaskinos/Urban, Hans Jörg u. a. (Hg.):* Dokumente wachsender Übereinstimmung. Sämtliche Berichte und Konsenstexte interkonfessioneller Gespräche auf Weltebene, Bd. 1: 1931–1982. Paderborn: Bonifatius, ^{2}1991, 296–322.

Gesprächskommission VELKD und AKD: Überlegungen zur Realisierung weiterer Schritte auf dem Weg zur sichtbaren Kirchengemeinschaft von Alt-Katholischer Kirche in Deutschland und Vereinigter Evangelisch-Lutherischer Kirche Deutschlands. Abschlussdokument der bilateralen Gesprächskommission von der Vereinigten Evangelisch-Lutherischen Kirche Deutschlands (VELKD) und dem Katholischen Bistums der Alt-Katholiken in Deutschland vom 3. März 2010. Als Manuskript veröffentlicht vom Alt-Katholischen Ordinariat (Bonn) in Absprache mit dem Amt der VELKD (Hannover). Bonn, 2010. [= Abschlussdokument]

Gesprächskommission zwischen AKD, EKD und VELKD: Vereinbarung über eine gegenseitige Einladung zur Teilnahme an der

Feier der Eucharistie. Gemeinsame Gesprächskommission des Katholischen Bistums der Alt-Katholiken in Deutschland und der Evangelischen Kirche in Deutschland, 1985. *www.alt-katholisch.de/oekumene/evangelische-kirche.html (01.01.2012).*

Hüffmeier, Wilhelm (Hg.): Konkordie reformatorischer Kirchen in Europa. Leuenberger Konkordie (= Agreement between reformation churches in Europe). Dreisprachige Ausg. mit einer Einleitung (zweisprachig) von Friedrich-Otto Scharbau. Frankfurt a. M.: Lembeck, 1993.

Hüffmeier, Wilhelm (Hg.): Die Kirche Jesu Christi. Der reformatorische Beitrag zum ökumenischen Dialog über die kirchliche Einheit. Beratungsergebnis der 4. Vollversammlung der Leuenberger Kirchengemeinschaft, Wien-Lainz, 9. Mai 1994 (= The church of Jesus Christ). Vollversammlung der an der Leuenberger Konkordie beteiligten Kirchen; Vollversammlung der Leuenberger Kirchengemeinschaft (Leuenberger Texte 1). Frankfurt a. M.: Lembeck, [3]2001.

Hüffmeier, Wilhelm/Müller, Christine-Ruth (Hg.): Versöhnte Verschiedenheit – der Auftrag der evangelischen Kirchen in Europa. Texte der 5. Vollversammlung der Leuenberger Kirchengemeinschaft in Belfast, 19.–25. Juni 2001. Frankfurt a. M.: Lembeck, 2003.

Internationale Römisch-Katholisch–Altkatholische Dialogkommission [IRAD]: Kirche und Kirchengemeinschaft. Bericht der Internationalen Römisch-Katholisch–Altkatholischen Dialogkommission. Paderborn: Bonifatius, 2009.

Leuenberger Kirchengemeinschaft: Thesen zur Amtsdiskussion heute (Tampere-Thesen), in: *Hüffmeier, Wilhelm (Hg.):* Sakramente, Amt, Ordination. Im Auftrag des Exekutivausschusses für die Leuenberger Kirchengemeinschaft (Leuenberger Texte 2). Frankfurt a. M.: Lembeck, 1995, 103–112.

Meyer, Harding/Papandreou, Damaskinos/Urban, Hans Jörg (Hg.): Dokumente wachsender Übereinstimmung. Sämtliche Berichte und Konsenstexte interkonfessioneller Gespräche auf

Weltebene, Bd. 3: 1990–2001. Paderborn/Frankfurt a. M.: Bonifatius/Lembeck, 2003.

Zweites Vatikanisches Konzil: Sacrosanctum Concilium: Konstitution über die heilige Liturgie, in: *Rahner, Karl/Vorgrimler, Herbert (Hg.):* Kleines Konzilskompendium. Sämtliche Texte des Zweiten Vatikanums. Freiburg i. Br.: Herder, ^{35}2008, 37–90.

Bernd Jochen Hilberath

Ein Modell für die Ökumene?

Ekklesiologische Anmerkungen zum Bericht der Internationalen Römisch-Katholischen–Altkatholischen Dialogkommission

Als auf dem Zweiten Vatikanischen Konzil das Ökumenismusdekret erarbeitet wurde, stand die Diskussion darüber an, welcher ekklesiologische Status den einzelnen «Kirchen und kirchlichen Gemeinschaften» zukomme.[1] Ausser Frage stand das Kirche-Sein der Orthodoxen Kirchen, zu denen sich im Konzilstext nur positive, ja, lobende Aussagen finden. Gewissermassen am anderen Ende des Spektrums wurden als eigene Gruppe die christlichen Gemeinschaften angeführt, die sich selbst nicht als Kirche bezeichnen wollen. Unter den Kirchen «im Westen» galt neben der Anglikanischen Gemeinschaft auch die Altkatholische als Spezialfall.[2] Die inzwischen geläufige Rede von den «aus der Reformation hervorgegangenen Kirchen (und kirchlichen Gemeinschaften)» trifft ja auf diese beiden Kirchen, in einem je spezifischen Sinne, nicht zu – interessanterweise eher auf die römisch-katholische Kirche selbst, nämlich als konfessionelle Ausgestaltung einer gemeinsamen Tradition, profiliert im Zuge der Auseinandersetzung mit und der Absetzung von der lutherischen und reformierten Tradition.

1 Vgl. meinen Kommentar zum Ökumenismusdekret in: *Hünermann/Hilberath*, Theologischer Kommentar 69–223.

2 Daran wird in dem Anhang zum Vorwort erinnert: vgl. Kirche und Kirchengemeinschaft 11.

Um also niemanden zu vereinnahmen und um nicht alle über einen Kamm zu scheren, wählte man die Formel «Kirchen und kirchliche Gemeinschaften». Bewusst wurde darauf verzichtet festzulegen, welche Glaubensgemeinschaft Kirche und welche nur kirchliche Gemeinschaft ist. Hieran weiterzuarbeiten wurde der Theologie nach dem Konzil überlassen. Nicht nur die wissenschaftliche Arbeit, sondern vor allem die Erfahrungen der Christinnen und Christen, die sich auf das ökumenische Miteinander einlassen, haben die «Elemente» von Kirche-sein, die das Zweite Vatikanische Konzil bei den «anderen» erkennt, als Verwirklichung von Kirche kennengelernt. Für sie bestätigt sich, was in ökumenischen «Sonntagsreden» gern beschworen wird, dass nämlich das, was uns gemeinsam ist, grösser ist als das, was noch trennt.

Wenn dies für das ökumenische Miteinander mit den evangelischen Christen gilt (was ja in Deutschland das Hauptterrain der Begegnung darstellt), sollte es nicht für die Beziehung zu den Altkatholiken und für die Anerkennung ihres ekklesiologischen Status noch selbstverständlicher sein? Oder sind «Familienstreitigkeiten» schwieriger zu beenden als Auseinandersetzungen mit Nachbarn? Zeigt sich auch hier, welche Bedeutung den nichttheologischen Faktoren, vor allem den (sozial-)psychologischen, in der ökumenischen Bewegung zukommt? Je näher und doch verschieden: Stellt dies eher eine Bedrohung der eigenen Identität dar?

Sehen wir zu! Welchen differenzierten Konsens konnte die Dialogkommission erzielen? Wie realistisch ist die Hoffnung, die Verständigung unter Geschwistern könne Modell auch für andere Verständigungsbemühungen sein?

1 Zur Intention (Vorwort und Präambel)

Das Vorwort erinnert daran, dass es zur ekklesiologischen Programmatik der Altkatholischen Kirche(n) gehört, «die Herstellung kirchlicher Einheit in Orientierung am Glauben und der

Verfassung der Alten Kirche zu fördern»[3]. Dies habe dazu geführt, dass «in besonderer Weise mit der Orthodoxen und der Anglikanischen Kirche»[4] Dialoge geführt wurden. Nun wird seit längerem auch von römisch-katholischer Seite die kirchliche Verfassung des ersten Jahrtausends als Vorbild hingestellt, also die Verhältnisse vor der Trennung von Ost- und Westkirche.[5] Fast in jedem einschlägigen ökumenischen Beitrag[6] wird die Aussage von Kardinal Ratzinger zitiert, dass Rom in Sachen Primat von den Orthodoxen Kirchen nicht mehr an Anerkennung verlange müsse, als im ersten Jahrtausend gelebt wurde. Offensichtlich wird der Hinweis auf die Communio-Ekklesiologie des ersten Millenniums eher als ungedeckter Scheck verdächtigt: Angesichts der historisch nicht zu übersehenden Vielfalt der kirchlichen Verhältnisse und der zumeist impliziten Ekklesiologien bleibt offen, was die Rückkehr zu den damaligen Verhältnissen *heute* bedeuten soll und kann. Gravierender dürfte die aktuelle Wahrnehmung sein, dass «Rom» trotz dieser These des zwischenzeitlich Papst gewordenen Dogmatikprofessors und Kardinals und auch nach der einschlägigen Enzyklika «Ut unum sint»[7] die römisch-katholische Weltkirche keineswegs nach dem Modell des ersten Jahrtausends regiert – wenn denn, jedenfalls nach der Aussage Ratzingers, ein kommuniales, kollegiales Verhältnis von Ortskirchen (Episkopat) und universalkirchlicher Verantwortung (Primat) als unverzichtbares Strukturmoment bezeichnet werden kann. Wer sich so unglaubwürdig macht, trägt seinerseits zu «einer deutlichen antirömischen Akzentuierung»[8] bei. Umso dankbarer dürfen wir der Arbeitsgruppe sein, die ihren Bericht «auch [als] das erste Ergebnis eines in Gang gekommenen Prozesses der Reini-

3 A. a. O. 7.

4 Ebd.

5 Vgl. *Hilberath*, Kirche als communio.

6 So auch in diesem Dialogbericht Nr. 43 (29).

7 *Papst Johannes Paul II.*, Enzyklika «Ut unum sint».

8 Kirche und Kirchengemeinschaft 7.

gung des Gedächtnisses» und einer «zukunftsoffenen Hermeneutik des Vertrauens» (3) einstuft.

Bescheiden und wohl wissend um die Hemmnisse und Hindernisse bis hin zur Unwilligkeit bei der Rezeption ökumenischer Dialogergebnisse spricht die Dialogkommission von einem «möglichen Weg zu einer kirchlichen Gemeinschaft der beiden Kirchen» (4). Immerhin verbindet sie damit «die Hoffnung, dass die hier dargelegten Überlegungen auch bei anderen Einheitsbemühungen ein Modell für eine Kirchengemeinschaft mit Rom sein können, die keine ‹Rückkehr-Ökumene› impliziert» (ebd.). Da «Rom» sich bis heute nicht eindeutig geäussert hat, was denn die römische bzw. römisch-katholische Alternative zu der seit dem Konzil nicht mehr intendierten Rückkehrökumene darstellen soll (wir also mehr erschliessen müssen, als wir schwarz auf weiss lesen können)[9], werden wir auf die expliziten Aussagen und die impliziten Signale des Textes achten. Erst die Rezeption durch die beiden Kirchen wird zeigen, ob hier ein gewisser Standard formuliert wird. Ist es völlig utopisch, dass diesem «Bericht» eine «Gemeinsame Erklärung» folgt? Ob auch andere «Einheitsbemühungen» sich über die Vernetzung der Texte unterstützt finden, wäre ein weiterer Test für die Reichweite des hier vorliegenden Dialogergebnisses.

Das werden ja fast ausschliesslich ekklesiologische Texte sein, und zwar solche, die sich vor allem dem Verhältnis von Ortskirche und Universalkirche, von Episkopat und Primat bzw. grundsätzlich der Frage nach den Trägern und Trägerinnen der Verantwortung in der Kirche widmen, wie die Gliederung des Berichts verdeutlicht. Dieser werde ich der Übersicht halber folgen, bevor ich eine generelle Einschätzung des Modellcharakters zu formulieren versuche.

9 Vgl. meine Fragen am Ende des Kommentars: *Hilberath*, Theologischer Kommentar 212–216.

2 Trinitarisch-soteriologische Grundlegung als ökumenischer Grundkonsens

2.1 Ekklesiologische Eckpfeiler

Seit der zweiten Hälfte des vergangenen Jahrhunderts gehört die Grundlegung der Kirche im Heilshandeln des dreieinigen Gottes zu den ökumenischen Grundüberzeugungen, die in keinem einschlägigen Text fehlen. Es war gewissermassen die ökumenische Achsenzeit, in der die Vollversammlung des Ökumenischen Rates der Kirche 1961 in Neu-Delhi die Basisformel trinitarisch erweiterte und die drei Jahre später verabschiedete Kirchenkonstitution des Zweiten Vatikanischen Konzils die Christozentrik des ekklesiologischen Ansatzes eher zaghaft pneumatologisch, jedoch deutlich trinitarisch fundierte.[10] Die 1982 in Lima verabschiedeten Konvergenzerklärungen[11] präsentieren in ihrem Teil über das Amt diese ekklesiologische Grundlegung als Konvergenz der in der Kommission für Glauben und Kirchenverfassung vertretenen Theologien, zu denen auch die römisch-katholische gehört. Diese hat die ihr von orthodoxer Seite vorgeworfene Geistvergessenheit vielfach überwunden, auch wenn die Frage, die Karl Barth nach dem Konzil in einem Seminar Joseph Ratzinger vorlegte – ob seine Kirche vielleicht auf der Flucht vor dem Heiligen Geist sei – zur Gewissenserforschung auf lokaler, regionaler und universaler Ebene aktuell bleibt.[12] Die reformierte Theologie hat durchweg der pneumatologischen Dimension der Kirche Aufmerksamkeit geschenkt – bis hin zu seinem Wunsch, die gesamte «Kirchliche Dogmatik» in der Perspektive des Heiligen Geistes nochmals zu schreiben. Auch für die lutherische Ekklesiologie ist die trinitarische Dimension selbstverständlich; es genüge hier der Hinweis auf das «Kommunion-Papier» des Strassburger Instituts.[13] Die

10 Vgl. bes. Kirchenkonstitution LG 1. Kap.

11 *Kommission für Glauben und Kirchenverfassung*, Konvergenzerklärungen.

12 Vgl. *Busch*, Zeit.

13 Communio/Koinonia.

trinitarisch-soteriologische Grundlegung kennzeichnet also keineswegs nur die Kirchen des «katholischen Typs» (wie die zahlreichen Hinweise auf andere Dialogtexte belegen), die – ohne dass der Begriff fällt – im Vorwort[14] durch folgende «ekklesiologische Grundpfeiler» charakterisiert werden:

a) gemeinsames Bekenntnis zur Heiligen Schrift
b) und zum Nicäno-Konstantinopolitanischen Glaubenssymbol
c) sowie zu den in Ost und West anerkannten Konzilsentscheidungen des 1. Jahrtausends;
d) das Bischofsamt in apostolischer Sukzession;
e) die sieben Sakramente.

Während in den Dialogen mit den Kirchen «reformatorischen Typs» d) und e) zu thematisieren sind (und hier schon wesentlich mehr theologisch erreicht wurde, als kirchenamtlich, vor allem von römisch-katholischer Seite, rezipiert wird), gibt es hier in der «Konfessionsfamilie» keinen Dissens. Was bedeutet das für den erwünschten Modellcharakter?

Es fällt auf, dass dem Wirken des Heiligen Geistes breite Aufmerksamkeit geschenkt wird. So geht der Beschreibung von Kirche als Gemeinschaft durch, mit und in Christus der Grundsatz voraus: «Die Kirche ist begründet und verankert im ganzen vom Heiligen Geist getragenen Christusgeschehen.» (6) Aus einer Geist(lichen)-Christologie sind Konsequenzen für die Gemeinschaft der Christus Nachfolgenden zu ziehen, die in noch strittigen Fragen vor allem der Kirchenstruktur einen differenzierten Konsens ermöglichen könnten. Das setzt voraus, dass solche Sätze, die sich, wie gesagt, in fast allen einschlägigen Texten finden,[15] nicht nur auf «geduldigem Papier» stehen bleiben: «So ist die Kirche vorgegebene Stiftung und kraft des Geistes immer neues Geschehen und als solche Anbruch der erneuerten Schöpfung, die ihrer Vollendung entgegengeht.» (7) Auch die beiden

14 Vgl. Kirche und Kirchengemeinschaft 8.

15 Hier (Kirche und Kirchengemeinschaft Nr. 6) wird verwiesen auf die bilaterale Arbeitsgruppe.

folgenden Nummern betonen die Aktivität des Heiligen Geistes, der die «innere Lebendigkeit» der «Lebensgestalt der Kirche» bewirkt (8), insbesondere durch Wort und Sakrament (9).

2.2 *Differenzierte Übereinstimmung in Theologie und Feier der Sakramente*

Nicht mehr ausdrücklich ist vom Heiligen Geist die Rede, wenn in den folgenden Nummern in komprimierter Form, fast handbuchartig, das gemeinsame Verständnis der Heiligen Schrift und der Sakramente artikuliert wird. Bemerkenswert, auch mit Blick auf andere Kirchen, erscheinen mir folgende Aussagen in Nr. 12:

Zur Eucharistie: Die «sorgfältige Überprüfung» der Aussagen des Konzils von Trient und der Utrechter Erklärung von 1889 haben eine «wesentliche Übereinstimmung in Lehre und Liturgie» ergeben. Offenbar kann der gemeinsame Glaube an die sakramentale Gegenwart Jesu Christi auch ohne Verwendung des theologischen Begriffs der Transsubstantiation zum Ausdruck gebracht werden. In der Tat unterscheidet Trient zwischen dem Glauben an die Gegenwart aufgrund einer einzigartigen, wunderbaren Wandlung (Brot und Wein sind eben nicht mehr gewöhnliche Speise, sondern Christus als himmlische Speise für uns) und dem theologischen Ausdruck für das, was wir mit Worten «kaum ausdrücken» können, wobei damals eben *transsubstantiatio* als am besten geeignet (*aptissime*) erschien.[16]

Busssakrament: Bereichernd ist der Hinweis, dass in der altkatholischen Tradition sowohl deprekative wie auch indikative Absolutionsformeln verwendet werden, wodurch deutlich bleibt, dass die amtliche «Vollmacht» im Dienst des wirksamen Gebetes steht. Kontrovers scheint auch nicht mehr zu sein, dass die römisch-katholische Kirche zur Vergebung schwerer Sünden die

16 Vgl. *Denzinger/Hünermann* Nrn.1642.1651.1652; zur Interpretation vgl. *Hilberath*, Substanzverwandlung.

Einzelbeichte vorschreibt. Die sakramentale Absolution erfordern in jedem Fall die schweren Sünden, deren Bestimmung ich nicht glücklich formuliert finde, wenn es heisst: «Schwere Sünden, die nicht nur die Gebote Gottes, sondern auch die Gemeinschaft der Kirche verletzten». Was ist gemeint? Gibt es (schwere) Sünden, die nicht die Gemeinschaft verletzen? Wird eine Sünde erst dadurch schwer, dass sie sich nicht nur gegen Gottes Gebot richtet, sondern darüber hinaus auch die Gemeinschaft der Kirche verletzt? Die sakramentale Absolution ist verbunden mit «aufrichtiger Reue und Zuwendung zu Gott», die Kirche steht also im Dienst dieser Hinwendung. Vielleicht unerwartet erweist sich der alte, meist gemiedene Ausdruck Todsünde hier als hilfreich: Wer sich durch schweres sündiges Verhalten vom Gott des Lebens und dessen Lebensraum und damit auch von der kirchlichen Gemeinschaft abgeschnitten hat, der muss erneut in diesen Lebensraum eintreten. Es ist der Lebensraum Gottes, dazu gehört auch die Kirche. Gott bleibe ich etwas schuldig, wenn ich gegen Menschen als seine Geschöpfe (auch gegen mich selbst) und den von ihm gestifteten und durch seinen Geist belebten Lebensraum Kirche handele. Auch hier könnte sich eine stärkere Beachtung der pneumatologischen Dimension als weiterführend erweisen!

Weihesakrament: Bei diesen Aussagen dürfte angesichts der ökumenischen «Grosswetterlage» am ehesten die Hoffnung schwinden, der Bericht könne Modell sein für Einheitsbemühungen ausserhalb der Konfessionsfamilie. Kurz und bündig wird als gemeinsame Überzeugung festgehalten: dreigliedriges Amt, Bischöfe als gültige Spender des Weihesakraments, bischöfliche apostolische Sukzession. Allerdings betrachten nicht nur diese beiden Kirchen die Weihe als «ein unwiederholbares sakramentales Zeichen». Missverständlich scheint mir die Fortsetzung in dem Relativsatz: «das in der Terminologie der westlichen Theologie ein ‹unauslöschliches Prägemal› verleiht». Zum einen gilt dies nicht für die gesamte «westliche» Terminologie; zum anderen «verleiht» das Zeichen kein Prägemal, sondern «bedeutet» eine lebenslange und insofern prägende Indienstnahme, die von Gott her nicht aufgekündigt wird.

Ehesakrament: Obwohl die Ausführungen zu den Sakramenten im Kleindruck stehen, sind sie nicht unerheblich, jedenfalls dann, wenn die sieben Sakramente zu den «ekklesiologischen Grundpfeilern» gerechnet werden und ein (differenzierter) Konsens nicht nur hinsichtlich der «beiden Grund- und Hauptsakramente» (11) gesucht wird. Von daher stellt sich gerade beim Ehesakrament die Frage, wie die bleibende Differenz zu beurteilen ist, denn in der altkatholischen Kirche werden «in bestimmten Fällen nach pastoralen Gesichtspunkten auch Geschiedene getraut und zu den Sakramenten zugelassen». Die Altkatholiken haben für sich also die Unterscheidung zwischen dem, was «streng genommen» gilt («bis dass der Tod euch scheidet»), und dem, was «aus pastoralen Erwägungen» zugestanden wird, vollzogen – wie die orthodoxen Kirchen, denen die römisch-katholische Kirche gleichwohl im Zweiten Vatikanischen Konzil die *communicatio in sacris*[17] angeboten hatte! Ist diese unterschiedliche seelsorgerliche Praxis nicht kirchentrennend, wie lange soll sie dann noch inner-römisch-katholisch Gläubige vom Sakrament trennen?

(Im Übrigen hat die altkatholische Kirche die orthodoxe Ehetheologie übernommen, wonach die Segnung durch einen ordinierten Amtsträger die Sakramentalität konstituiert. Römisch-katholische Theologen haben dies vor einiger Zeit zu bedenken gegeben.[18] Ohne den Konsens der Brautleute, dem zu bestimmten Zeiten juristisch noch entscheidendere Bedeutung zukam, geringzuachten, würde dadurch der unverfügbare Geschenkcharakter des Sakraments deutlicher zum Ausdruck kommen, wenn die Amtsträger sich entsprechend in den Dienst stellen; eine – auch – deprekative «Segensformel» könnte das zusätzlich unterstreichen.)

17 Vgl. UR 15.

18 Vgl. *Richter*, Eheschliessung.

Diese unterschiedlichen Formen können nicht als kirchentrennend bezeichnet werden. Andererseits wird gewiss das «innerkatholische», «familiäre» Sprachspiel (z. B. «Weihesakrament», «unauslöschliches Prägemal») nicht als Modellsprache empfohlen. Darüber hinaus bleibt abzuwarten, ob die Verständigung zwischen Kirchen des katholischen Typs in Dialogen zwischen Kirchen unterschiedlichen Typs, an denen keine Kirche katholischen Typs beteiligt ist, etwas befördern kann oder ob sie eher zur «Abgrenzung im Interesse der eigenen Identität» animiert.

2.3 Notizen zur Communio-Ekklesiologie

Unstrittig dürfte weithin die trinitarisch-soteriologische Grundlegung der Communio-Ekklesiologie sein, die in den folgenden drei Artikeln auf dem Prüfstand steht. Dann wird sich zeigen, wo sich die hier vertretene Communio-Theologie in der Bandbreite der Theologien, die alle diesen Namen beanspruchen, positioniert. Es wäre unbillig, von einem solchen Bericht differenzierte Ausführungen zu allen Argumentationsschritten zu verlangen. Wenn ich dennoch einige Beobachtungen notiere, so geschieht dies im Interesse einer ökumenischen Communio-Ekklesiologie, die über dieses Dokument hinausgeht. Ich möchte lediglich auf Zusammenhänge zwischen Communio-Theologie und Communio-Praxis aufmerksam machen:

Erstens: Die Aussage, dass Jesu «gesamtes Wirken [...] stets im Gehorsam gegenüber dem Vater [erfolgt]» (5), bedarf im Hinblick (jedenfalls) auf die inner-römisch-katholischen Autoritätsverhältnisse unbedingt der Erläuterung, dass es sich um einen dialogischen Gehorsam[19] handelt. Freiheit und Gehorsam bedingen sich wechselseitig, wie wir am Leben und Sterben ablesen können. Nicht zuletzt erscheint es mir als höchst relevant, dass Jesus, indem er sich aus freien Stücken in den Willen des Vaters (zum Heil der Menschen!) einfügte, eine geradezu «grandiose»

19 Vgl. dazu *Hilberath*, Gehorsam.

Freiheit gegenüber allen nicht-göttlichen Autoritäten und Mächten gewann («Ich aber sage euch»).[20] Nicht-göttlich in diesem Sinn sind auch alle kirchlichen Autoritäten, selbst wenn sie im Auftrag (in der «Vollmacht») Jesu Christi hande.

Zweitens: In Nr. 6 wird das «geschichtliche Wirken Jesu Christi» konzentriert («zumal») auf das, was auch zu den «Grundvollzügen» von Kirche gehört: Verkündigung, Sammlung und Sendung, Feier des Herrenmahls. Wiederzuerkennen sind *martyria*, *leiturgia*, wenn man will auch *koinonia*; es fehlt ein ausdrücklicher Hinweis auf *diakonia*. Gewiss sind auch die erwähnten «Wirkweisen» Dienst an den Menschen und insofern diakonisch. Eine Kirche in der Gesellschaft von heute (freilich: nicht erst heute)[21] versteht ihr diakonisches Handeln nicht als eine Folge ihres «eigentlichen» Dienstes, sondern als integralen Bestandteil desselben. Gerade Communio-Ekklesiologien sind anfällig für einen Selbstbezug, für die Konzentration auf die eigene, vertraute Gemeinschaft.[22] Dann können die binnenkirchlichen Strukturen einen überhöhten Stellenwert bekommen, weil der Erhalt der Identität unabhängig von dem Auftrag «da zu sein für andere» zu sichern versucht wird. Eine Kirche, die nicht transparent macht, dass sie weder aus sich selbst noch für sich selbst lebt, verliert ihre Identität. Für das ökumenische Miteinander heisst dies auch: Welche Bedeutung kommt gewissen ekklesiologischen und ekklesiopraktischen Fragen zu, wenn wir einerseits die «Hierarchie der Wahrheiten» als Kriterium anlegen und andererseits uns darauf besinnen, was wir den Menschen zu bringen haben. Kurzum: Es ist nicht unproblematisch, wenn schon in fast allen Glaubensbekenntnissen der Alten Kirche nach der Taufe sogleich Kreuz und Auferstehung aufgeführt werden, die Reich-Gottes-Praxis Jesu also übergangen wird. Das kann zur Unterernährung der gesellschaftlichen, «politischen» Dimension von Glaube, Kir-

20 Vgl. *Hilberath*, Rede von Jesus 93 f.

21 Vgl. *Delp*, Angesicht 107–112.

22 Vgl. stellvertretend die Kritik bei *Fuchs*, Communio.

che und Theologie führen. Nicht von ungefähr setzen Befreiungstheologien christologisch bei der Verkündigung und Praxis Jesu an!

Drittens: Etwas befremdlich wirkt auf einen Communio-Ekklesiologen die Formulierung in Nr. 11: «In jedem [Sakrament] geht es zusammen mit dem einzelnen Empfänger immer auch um die Kirche.» Seit längerem hat (nicht nur) die katholische Sakramententheologie das Spender-Empfänger-Schema überwunden, und sie versteht die Sakramente primär als Feiern der Kirche. Es geht also nicht «immer auch», sondern *primär* um die Kirche. Die Rede vom «Selbstvollzug der Kirche» erregt ökumenischen Anstoss, weil sie zu sehr nach Eigenmächtigkeit klingt. Gemeint ist freilich, dass die Kirche vollzieht, was ihr Wesen ist und wozu sie beauftragt ist. Um das «nicht aus sich selbst» zu betonen, können wir auch sagen: In jedem Sakrament *wird* die Kirche *vollzogen*. Das bedeutet aber auch: «Empfänger» sind wir nur in der Gemeinschaft. Eine konsequente Einhaltung dieser Sichtweise dürfte Auswirkungen auf weitere Fragen der Ekklesiologie und der Ekklesiopraxis haben. Freilich ist dabei auch der Gefahr zu begegnen, dass das Individuum in der Gemeinschaft untergeht, in der Communio zu kurz kommt. Das Verhältnis von Individuum und Gemeinschaft ist ein seit dem Zweiten Vatikanischen Konzil für die römisch-katholische Kirche (Kirchenrecht!) und Theologie anhängiges Problem, von dessen Lösung mitunter auch die Ökumenefähigkeit abhängt. Das gilt in besonderer Weise für den Dialog mit den Kirchen «reformatorischen Typs», erst recht mit denen aus der freikirchlichen Tradition.

3 Dimensionen der Kirche

3.1 Mehrere Dimensionen auf drei Ebenen

Die Überschrift spricht nicht von einer lokalen, einer regionalen und einer universalen Dimension der Kirche in der Einzahl, sondern von «lokale[n], regionale[n] und universale[n] Dimensio*nen* der Kirche». Im Blick ist also nicht die Kirche, die drei Dimensionen aufweist, sondern die Mehrdimensionalität von Kirche auf drei Ebenen. Der gewiss beabsichtigte Plural signalisiert also: drei Ebenen und jeweils mehrere Dimensionen. Was sich wie grammatikalischer Übereifer meinerseits anhören könnte, entspringt der Sensibilität für eine Communio-Ekklesiologie, der die Pluralität von Subjekten und Aufgaben ein Anliegen ist. Aus meiner Sicht ist fundamental, was ich die «doppelt-eine Dimension» der Kirche (auf allen Ebenen!) nenne, das bereits erwähnte «nicht aus sich selbst und nicht für sich selbst».[23]

Dem Plural der Überschrift zum Trotz, vom primär leitenden ökumenischen Interesse her freilich nachvollziehbar geht es in diesem Abschnitt vorrangig um das Verhältnis von Ortskirche und Universalkirche. Neben den bereits ausgeführten Faktoren gibt es noch eine Reihe offener Fragen, die im Abschnitt 6.2 behandelt werden sollen.

3.2 Ansatz bei den Grundvollzügen

Konsequenter als in der Kirchenkonstitution «Lumen Gentium» und ein Stück weit im Kontrast zur administrativen und kirchenrechtlichen Praxis der römisch-katholischen Kirche auch nach dem Konzil setzt der Bericht bei den Grundvollzügen der Kirche an, die hier sehr ansprechend als «der von Gott in der Sendung Jesu Christi und des Heiligen Geistes eröffnete Heils- und Lebensraum» (13) bezeichnet wird. Im Zusammenhang mit der Eucharistie als der Mitte wird auch die Sendung «zum Dienst an den Menschen» ausdrücklich erwähnt.

Die «Vielzahl von Ämtern und Diensten» steht im Dienst dieser Grundvollzüge, für die der Bischof die «Erstverantwortung» trägt. Damit wird zweierlei deutlich: Ämter und Dienste sind

23 Vgl. *Hilberath*, Vision.

von den Grundvollzügen her zu bestimmen;[24] der Heils- und Lebensraum, der «Ort» der Kirche ist die bischöfliche Ortskirche, wie die folgende Nr. 14 ausführt. Der Bischof wird als der «eigentliche Vorsteher der Eucharistiefeier» und als «Träger der personalen *episkopē* für das Bleiben der Ortskirche in der Wahrheit» gekennzeichnet. Allerdings, so führt Nr. 15 aus: Die Grundvollzüge «realisieren sich in erster Linie in den Pfarrgemeinden». Deren Eucharistiefeier stehen die Priester (Presbyter) in Vertretung des Bischofs vor. Darüber hinaus werden «Diakone und andere getaufte Beauftragte» erwähnt.

3.3 Ortskirche ist ganz Kirche in der Gemeinschaft der Ortskirchen

«Realisierung in erster Linie» einerseits und «Beauftragung» andererseits verlangen nach weiterer Präzisierung, Klarstellung. Wenn ich recht sehe, erfolgt diese nicht, was das Verhältnis von Pfarrgemeinden und bischöflicher Ortskirche angeht. Das wird sicher eine Schwachstelle sein, wenn hier Modellcharakter geltend gemacht wird. Dem Bericht geht es um die Eigenständigkeit der bischöflichen Ortskirche. Was in Nr. 14 schon quasi als These erscheint, dass nämlich die Ortskirche «ihre Aufgaben eigenständig erfüll[t]», wird in Nr. 16 dogmatisch begründet: «Jede *Ortskirche* ist eine Vergegenwärtigung der einen, heiligen, katholischen und apostolischen Kirche, von der das ökumenische Glaubenssymbol von Nizäa-Konstantinopel spricht.» «Katholisch» besagt dabei zweierlei: sakramental Anteil haben an der «ganzen

24 Nicht direkt relevant ist in diesem ökumenischen Dialog, was in der römisch-katholischen Kirche ein immer bedrängenderes Problem darstellt: der Mangel an ordinierten Vorstehern in den Gemeinden. Der in diesem Bericht vertretene ekklesiologische Ansatz macht allerdings klar, dass es um der Grundvollzüge willen Dienste und Ämter geben muss. Es ist völlig ausgeschlossen, dass Grundvollzüge nur dann vollzogen werden können, wenn entsprechende Amtsträger da sind – das liefe auf eine Verkehrung des Zuordnungsverhältnisses hinaus.

[…] Wirklichkeit des Heils und der Wahrheit»; mit den anderen Ortskirchen «in Einheit und Gemeinschaft verbunden» sein.

Hier liegt der Nervus Rerum im Verhältnis von altkatholischen Kirchen und römisch-katholischer Kirche vor uns. Wie die Orthodoxen können auch die Altkatholiken von ihrer Kirche im Singular und im Plural sprechen, also von altkatholischer Kirche und von altkatholischen Kirchen, während von der römisch-katholischen Kirche nur im Singular geredet wird. Zwar impliziert die Communio-Ekklesiologie, dass Kirche u. a. auch als *communio* von Ortskirchen verstanden wird, dies ist aber in der administrativen und kirchenrechtlichen Praxis kaum erkennbar bzw. wird nicht wahrgenommen. Wiederum werden wir an die Aussage Walter Kaspers erinnert, dass die römisch-katholische Kirche in dieser Hinsicht allererst ökumenefähig werden muss.[25] Behalten wir dies auch bei der Beschäftigung mit den offenen Fragen (6.3) im Blick.

Zur Ökumenefähigkeit gehört auch die Klärung der Einheitsvorstellung, also der Erklärung der Alternative zur Rückkehrökumene. Die ist in Nr. 16 definitiv verabschiedet, wenn die Einheit und Gemeinschaft mit anderen Ortskirchen voraussetzt, in ihnen «ihr [der Ortskirche] eigenes, in der göttlichen Zuwendung gründendes Wesen [zu erkennen und anzuerkennen]». Diese Aussage wird eigens bekräftigt und verdeutlicht durch den folgenden Satz: «Die Ortskirchen, die derart miteinander verbunden sind, erkennen und anerkennen durch alle örtlichen und kulturellen Besonderheiten hindurch in den anderen dieselbe Wirklichkeit des Mysteriums der Kirche.»

Die hier in Nr. 16 angeführten *Kriterien* in diesem Prozess der (An-)Erkenntnis sind die klassischen: «der gemeinsame apostolische Glaube, die gemeinsamen Grundformen des sakramental-liturgischen Lebens und die gemeinsamen Grundprinzipien der

25 Vgl. *Kasper*, Verhältnis 802 f.; zur noch ungenügenden Rezeption des Zweiten Vatikanischen Konzils vgl. auch *Kasper*, Kirche als communio 277 und *Kasper*, Katholische Kirche 387.

kirchlichen Ordnung mit dem dreigliedrigen Amt». Die beiden ersten Kriterien stehen in Korrespondenz zu den Kriterien der Confessio Augustana, die zumindest für die lutherischen Kirchen auch genügen («*satis est*»): die reine Verkündigung des Evangeliums und die evangeliums-/stiftungsgemässe Feier der Sakramente. Wie in Kardinal Bellarmins[26] gegenreformatorischer Definition liegt im Dialogbericht der Akzent auf dem Gemeinsamen und provoziert die Frage, wer für die Feststellung des Gemeinsamen, «desselben» Glaubens und «derselben» Sakramente verantwortlich ist. Für Bellarmin ist das klar: die rechtmässige hierarchische Autorität, insbesondere der römische Pontifex. Jedenfalls gilt wohl für alle Kirchen gleich welchen «Typs», dass die Heilige Schrift und das altkirchliche Glaubensbekenntnis einerseits und die (Haupt-)Sakramente Taufe und Abendmahl/Eucharistie andererseits Quelle und Vollzug sowie Norm ihrer Identität bilden. Wo dies geschieht bzw. gilt, wird die im Credo als Werk des Heiligen Geistes bekannte *una, sancta, catholica et apostolica ecclesia* vergegenwärtigt. Abschnitt 17 spricht präzisierend von einer «Vergegenwärtigung der *Una Sancta*, und zwar als Gemeinschaft von Ortskirchen, als *communio ecclesiarum* bzw. als *communio communionum ecclesiarum*». Das heisst genauer: «Die Einheit und Gemeinschaft der Ortskirchen in ihren unterschiedlichen überörtlichen Ausdehnungen bis hin zur universalen Dimension ist jeweils auch eine Vergegenwärtigung der *Una Sancta* […]». Umso wichtiger ist (jedenfalls angesichts überzogener universalkirchlicher Strebungen) die gleich sich anschliessende (und dann komplementäre) These, dass «in diesen Gemeinschaften von Ortskirchen jeder Ortskirche in *gleicher* Weise die *volle* Katholizität [eignet]»[27]. Der Text nimmt Bezug auf einen Text der Arbeitsgruppe der römisch-katholischen Kirche und des Ökumenischen Rates der Kirchen, der die in der ökumenischen Ekklesiologie weit verbreitete Formel aufgreift:

26 Vgl. *Bellarmin*, Controversiarum 317.

27 Hervorhebungen v. Vf.

«[...] die lokale Kirche ist ganz Kirche, aber nicht die ganze Kirche.» Wichtig – wiederum im Blick auf die Ökumenefähigkeit meiner eigenen Kirche – ist mir nicht nur die Behauptung der vollen Katholizität, der vollen Teilhabe an der Wirklichkeit des Heils, sondern auch die Betonung der Mitverantwortung der Ortskirchen «für die überörtliche und universale Gemeinschaft», jedenfalls insofern Mitverantwortung etwas anderes ist als einseitiger (Erfüllungs-)Gehorsam.

3.4 Was bzw. wer ist die Universalkirche?

Aus dem Ansatz einer katholischen (nicht im konfessionellen Sinn verstanden!) und eucharistischen Ekklesiologie folgt konsequent die These in Nr. 18: «Diese Verantwortung für die Gemeinschaften der Ortskirchen und ihr gemeinsames Zeugnis haben primär die Bischöfe in synodalen Beratungen wahrzunehmen und in der gemeinsamen Eucharistiefeier zum Ausdruck zu bringen.» Das liest sich wie die «altkatholische Antithese» zu dominierenden Zügen in der offiziellen (vatikanischen) Ekklesiologie und Ekklesiopraxis. Dass dieser Eindruck nicht täuscht, auch wenn er sich mit einer Hermeneutik des Vertrauens reibt, belegt der folgende Artikel 19, der ein Plädoyer für die eigene Würde und Verantwortung der Ortskirche darstellt.[28]

Im Kleindruck folgt ein Hinweis auf die unterschiedliche Terminologie. Beide Kirchen verstehen unter der «Una Sancta des Glaubenssymbols» die «alle vergangenen und künftigen Generationen von Getauften (und die ohne Kenntnis des Evangeliums lebenden Gerechten [!]) umfassende Gemeinschaft Gottes mit seiner Schöpfung». In diesem Sinne könne auch von der «Universalkirche» bzw. der «katholischen Kirche» gesprochen werden.

28 Es erinnert mich an das engagierte Plädoyer für die Bedeutung der Ortskirche von Bischof Walter Kasper anlässlich eines Besuchs des damaligen Nuntius in Rottenburg. Der Nuntius hatte behauptet, «Rom» müsse alle Belange der weltweiten Kirche regeln, da die Ortskirchen nicht über ihren Tellerrand schauten!

Dann gibt es aber einen typisch *römisch*-katholischen Sprachgebrauch, wie er in dem umstrittenen konziliaren Terminus *subsistit* begegnet, hier übersetzt mit «ist verwirklicht», d. h. in der «vom Papst als ihrem Hirten und als Haupt des Bischofskollegiums» geleiteten Kirche, also in der römisch-katholischen Kirche, ist die universale Kirche verwirklicht. Ob es auch andere Subsistenzformen der universalen Kirche geben könne, wird hier nicht diskutiert. Ebenfalls nicht erörtert wird die Konzilsaussage, dass die Teilkirchen «nach dem Bild» der Universalkirche gestaltet sind (bezieht sich das auf das Verhältnis von Primat und Kollegium?). Festgestellt wird mit LG 23, dass die «eine und einzige katholische Kirche [ist damit die in der römisch-katholischen Kirche subsistierende Una Sancta gemeint?] in und aus den Ortskirchen besteht». Nicht erwähnt wird die komplementäre Formel «die Ortskirchen leben in und aus der Universalkirche», die Papst Johannes Paul II. einmal gebrauchte und in die Communio-Erklärung der Glaubenskongregation eingegangen ist.[29] Soll dies auch gelten, wird die Frage umso dringender, ob denn die Universalkirche mit der römisch-katholischen Kirche identisch ist und ob Papst und Kurie ihre Repräsentanten sind, so dass von daher die Ortskirchen «leben». Kardinal Ratzinger hat dies entschieden zurückgewiesen, jedoch der «platonisierenden Idee» der Universalkirche Vorschub geleistet.[30] Dass diese «Perspektive und Begrifflichkeit [...] der altkatholischen Tradition fremd [ist]», wie es am Ende von Nr. 19 heisst, scheint mir die Formulierung einer Hermeneutik des Wohlwollens zu sein. Heisst «fremd» lediglich «nicht vertraut» oder auch «suspekt»?

Wenn die römisch-katholische Kirche in ihrer Leitungsstruktur nicht deutlich macht, dass der Papst nicht durch die Kurie, sondern mit den Bischöfen die Weltkirche als Gemeinschaft von

29 Vgl. *Kongregation für die Glaubenslehre*, Kirche als Communio; vgl. dazu *Hilberath*, Kirche als communio; *Hilberath*, Katholische Communio-Einheit.

30 Vgl. zum «Streit der Kardinäle» (Ratzinger und Kasper) *Kasper*, Universalkirche; *Walter*, Blick zurück. Welche Auswüchse ein solcher ekklesiologischer Ansatz annehmen kann, zeigt die Position des Nuntius (s. Anm. 28).

Ortskirchen leitet, wird sie selbst in der eigenen Konfessionsfamilie nicht ökumenefähig sein. Das bestätigt sich bei der Lektüre des folgenden Abschnitts.

4 Instanzen der Verantwortung und Bezeugung

4.1 Gabe und Sendung «ad intra» und «ad extra»

Artikel 20 hält als Basis für die folgenden Ausführungen fest: Ämter und Dienste in der Kirche sind Gaben Gottes. Eigens verwiesen wird auf das einschlägigste Dokument unter den entsprechenden Dialogtexten und Berichten: «Die Gabe der Autorität» aus der Feder der anglikanisch–römisch-katholischen Dialogkommission. Erwähnt wird auch das Faith-and-Order-Paper «The Nature and Mission of the Church», mit dem die Kommission für Glauben und Kirchenverfassung die ekklesiologischen und amtstheologischen Linien des Lima-Papiers weiter auszieht, wo bereits von den drei Formen der *episkopē* gehandelt wurde: der personalen, der kollegialen und der gemeinschaftlichen. Im vorliegenden Bericht wird *episkopē* mit «Verantwortung» wiedergegeben, die «sowohl in der Ortskirche als auch in der überörtlichen (regionalen und universalen) Gemeinschaft von Ortskirchen» wahrzunehmen ist. Die doppelt-eine Dimension des «nicht aus sich selbst und nicht für sich selbst» klingt an, wenn die Sendung der Ämter und Dienste grundsätzlich beschrieben wird, nämlich als Dienst an der Einheit und dem Bleiben in der Wahrheit einerseits und dessen Ausübung «im steten Prozess der weltweiten Mission und Inkulturation des Evangeliums». Das «ad extra» ist also mit im Blick – und geht auch in den folgenden Ausführungen nicht verloren!

4.2 *Episkopē in der Ortskirche und der überörtlichen Gemeinschaft*

Was den Dienst der *episkopē* in der Ortskirche angeht, kann sich Artikel 21 ganz kurz fassen, da das Wesentliche bereits ausgeführt wurde: In ihr «ist der Bischof der Träger der personalen *episkopē*». Diese personale Form der Verantwortungswahrnehmung verbindet sich mit den beiden anderen: der kollegialen des Presbyterkollegiums und des Diakonats, deren Mitglieder ebenfalls als «Teilhaber am apostolischen Amt» bezeichnet werden, was ja für die offizielle römisch-katholische Lehre nicht selbstverständlich ist, wonach die Priester und erst recht die Diakone «Helfer» des Bischofs sind, also bestenfalls in diesem Sinn am apostolischen Amt partizipieren. In welcher Weise sie für die Apostolizität der Kirche relevant sind, wäre an anderer Stelle zu diskutieren; ebenso die Bedeutung des «Glaubenszeugnisses aller Getauften», das hier als dritte Form der Verantwortung, nämlich der «gemeinschaftlichen» genannt wird. Der knapp gehaltene Artikel verdeutlicht jedenfalls, dass die *episkopē* im Verbund aller drei Formen ausgeübt wird.

Auf überörtlicher Ebene sind die Bischöfe «in erster Linie» Träger der *episkopē*; sie vertreten die Ortskirchen «auf synodalen Versammlungen» und üben ihre Verantwortung (nur) «gegebenenfalls mit anderen Gliedern des Gottesvolkes» aus. Dabei hat der Bericht «die Aufgabe des Suchens, Findens und Verkündens der Wahrheit» im Blick. Das kann ganz umfassend verstanden werden, doch legt das «gegebenenfalls» nahe, dass die Zusammenarbeit mit nichtbischöflichen Mitgliedern des Gottesvolkes nur in einem Teilbereich gesehen wird. Immerhin ist es der wichtige Bereich im Blick auf die Aufgabe der Evangelisierung oder, wie es in Artikel 20 hiess, der Mission und Inkulturation. Obwohl «eigentlich» selbstverständlich, erscheint es mir doch nicht überflüssig, dass von einem Suchen und Finden der Wahrheit die Rede ist. Das entspricht etwa der Formulierung in LG 12, dass das Volk Gottes «durch den Glaubenssinn, der vom

Geist der Wahrheit erweckt und erhalten wird» und «unter der Leitung des heiligen Lehramts» in den überlieferten Glauben «mit rechtem Urteil tiefer eindringt und im Leben voller anwendet».

Vor allem für Kirchen reformatorischen oder gar freikirchlichen Typs wird die Einschränkung der gemeinschaftlichen *episkopē* nicht akzeptabel sein. Der hier vorgelegte differenzierte Konsens dürfte eine umfassende Beteiligung nicht ausschliessen, um als Modell zu fungieren. Es liegt wohl in der Trennungsgeschichte zwischen altkatholischer und römisch-katholischer Kirche begründet, dass dieser Artikel 22 grössere Aufmerksamkeit dem Verhältnis von «Primat (Leitungsdienst) und Synodalität (gemeinsame Verantwortung)» auf den überörtlichen Ebenen widmet, wobei eine kleingedruckte Anmerkung festhält, «dass im obigen Abschnitt der Ausdruck ‹Primat› für alle Bereiche von überörtlicher Gemeinschaft von Ortskirchen bis hin zur irdisch-universalen Gemeinschaft von Gemeinschaften von Ortskirchen verwendet wird, nicht nur für den Letztgenannten [den Papst]». Es wäre interessant zu erfahren, ob die ungewöhnliche Formulierung «irdisch-universal» einen Reflex auf das eher «idealistisch-platonische» Reden von Universalkirche darstellt. In jedem Fall wird hier das Fundament gelegt, um dann im nächsten Abschnitt (Nrn. 27–33) das Thema «Primat des Papstes» aufzugreifen.

4.3 Im Netz der Bezeugungsinstanzen

Alle folgenden vier Artikel dieses Abschnitts binden den Dienst der *episkopē* in das Beziehungsnetz der Bezeugungsinstanzen (traditionell in der katholischen Theologie: die *loci theologici*, die Melanchthon dagegen inhaltlich bestimmt) ein und verdeutlichen dadurch, dass dieser Dienst selbst normativ gebunden ist. Auf diese Weise kommt auch das Volk Gottes wieder in den Blick.

Das Gesagte gilt in der wissenschaftlichen Theologie längst als selbstverständlich, jedenfalls was die klassischen *loci* angeht: Heilige Schrift, Tradition, Glaubenssinn des Gottesvolkes, Lehramt und Theologie. Will man eine innere Zuordnung angeben, so ergibt sich: (bischöflich-synodales einschliesslich päpstlichem) Lehramt und (wissenschaftliche) Theologie stehen im Dienst des Gottesvolkes, das die in der Heiligen Schrift als der *norma normans non normata* bezeugte Offenbarung inklusive ihrer Überlieferungsgeschichte (der lebendigen *traditio* im Unterschied zu den verschiedenen *traditiones*) seinerseits zu jeder Zeit im Prozess der Evangelisierung bezeugen will.[31] In diesem Trialog[32] zwischen Lehramt, Theologie und Gottesvolk (zu dem auch die Vertreter des Lehramts und der Theologie gehören, was deren Dienstcharakter unterstreicht) «manifestieren sich [die verschiedenen Artikulationen des Glaubens] in unterschiedlicher Weise».

4.4 Apostolizität der Kirche und apostolisches Amt

Ohne die neuesten ökumenischen Dokumente zur Apostolizität der Kirche und des Amtes[33] hinzuziehen zu können, kommt der Bericht in den folgenden Artikeln auf die Apostolizität zu sprechen. Grundlegend ist die Apostolizität der Kirche, die «darin zur Geltung [kommt], dass sich die Grundvollzüge [...] von der Sendung Christi und der Apostel herleiten und vor ihr zu verantworten sind». Im Blick auf die Dialoge mit anderen Kirchen ist dieses Fundament wichtig: «die Kirche [hat] mit all ihren wesentlichen Lebensäusserungen [in der apostolischen Sukzession] zu stehen». Auf dieser Basis ist zu klären, ob Kirchen «anderen Typs» auch zustimmen, dass «die Weitergabe des apostolischen Amtes durch Gebet und Handauflegung ein wesentlicher Aspekt der apostolischen Sukzession [ist]». Was wesentlich ist, gehört zum *esse*, nicht bloss zum *bene esse*. Schwieriger wird wohl die Verständigung darüber, ob die apostolische Sukzession die

31 Diese Zuordnung will die am Ende von Nr. 23 im Kleindruck beigegebene Erläuterung festhalten.

32 Vgl. dazu *Hilberath*, Wahrheit.

33 Vgl. *Schneider/Wenz/Sattler*, Das kirchliche Amt; *Lutherisch/Römisch-katholische Kommission*, Apostolizität.

Form der bischöflichen Sukzession haben muss. Hier haben die erwähnten neueren Dokumente zu Ergebnissen und Einsichten geführt, die auch hier keinen Grund zur Kirchentrennung sehen müssen.

4.5 Volk Gottes: geistliche Erfahrungen und Rezeption

Auch wenn das Volk Gottes, genauer: die Gläubigen, die nicht ordiniert oder beauftragt oder als Theologinnen und Theologen tätig sind, dialogbedingt nicht im Fokus des Interesses liegen, so kommen sie doch an entscheidenden Stellen vor. So heisst es in Artikel 25, dass synodale Entscheidungen «sich in der faktischen Rezeption durch die Kirche als vom Geist angestossen und dem Willen Gottes entsprechend [erweisen]». Noch aktiver wird die Rolle des Volkes Gottes in Artikel 23 beschrieben, wo zugleich die Orientierung ad extra zur Geltung kommt: «Daher ist im jeweiligen Zusammenwirken der genannten Bezeugungsinstanzen sowohl eine kreative Kontinuität mit der Lehre und den geistlichen Erfahrungen der Väter und Mütter im Glauben als auch eine Offenheit für die Lebensfragen der Menschen in ihrer jeweiligen Zeit unabdingbar.»

5 Die Zuspitzung in der Frage nach dem Papsttum

An den so genannten Papstdogmen des Ersten Vatikanischen Konzils ist die Einheit zerbrochen, für die altkatholischen Kirchen stellen diese das Haupthindernis auf dem Weg zur Kirchengemeinschaft dar. Im Duktus des Dialogberichts spitzt sich auch theologisch das bis hierher Ausgeführte zu, wenn danach gefragt wird, wie der Dienst des Papstes ein Dienst «an der Einheit der Kirche und ihrem Bleiben in der Wahrheit» sein kann, ohne zu desavouieren, was als ekklesiologische und von daher auch als amtstheologische Basis in einem differenzierten Konsens festgehalten wurde (wobei wir noch eigens auf die «offenen Fragen» zu sprechen kommen müssen).

5.1 *Die altkatholische Position*

Die ersten vier Artikel 27–30 präsentieren die altkatholische Sicht auf der Basis der einschlägigen offiziellen Äusserungen, die im Anhang auf 33 Seiten (!) wiedergegeben werden. Müssen die Altkatholiken sich eigens rechtfertigen? Weshalb werden keine Texte oder Passagen aus Texten angeführt, die mit römisch-katholischer Beteiligung entstanden sind und eine Sensibilität für die Anliegen der altkatholischen Kirchen erkennen lassen? Immerhin werden das Dokument «Communio Sanctorum» und das bereits erwähnte Dialogergebnis «Die Gabe der Autorität» als Referenztexte in Klammern angeführt. Erwähnung hätten ganz sicher verdient: der von der lutherisch–römisch-katholischen Arbeitsgruppe in den USA erarbeitete Text zum Petrusdienst[34]; Texte, die im Anschluss an die Aufforderung der Enzyklika «Ut unum sint» veröffentlicht wurden. Offenbar wollen jedenfalls die Altkatholiken gleich zu Beginn betonen, dass ihre einschlägigen Äusserungen «faktisch immer einen Primat des Papstes anerkannt [haben], wie er der gemeinsamen Tradition des Ostens und des Westens entspricht» (27). Hier stossen wir also wieder auf die Tradition des 1. Jahrtausends, die – wie schon angedeutet – keineswegs so eindeutig ist, dass sie unmittelbar handlungsrelevant sein könnte. Ja, es fänden sich auch «Hinweise zur theologischen Begründung, zur Situierung im apostolischen Amt der Kirche und zur Funktion des päpstlichen Primates» (ebd.).

Abgelehnt wird «die Definition des Universalprimates und der Lehrunfehlbarkeit», wie sie auf dem Ersten Vatikanischen Konzil verabschiedet und «wenn auch innerhalb eines viel weiteren ekklesiologischen Kontextes» in «Lumen Gentium» zitiert und bestätigt wurde und in die Rechtsbücher eingegangen ist.

Vor dem Hintergrund jüngerer exegetischer und historischer Forschungen greifen Altkatholiken den Ausdruck «Petrusamt»

34 *Brown*, Petrus; vgl. in kompakter Form die Stellungnahmen aus verschiedenen kirchlichen Traditionen: Themenheft «Die ökumenische Zukunft».

oder «Petrusdienst» (anstelle von Papsttum oder Papstamt) auf. Damit werde «eine Aufgabe anvisiert, die bei aller Einmaligkeit des geschichtlichen Petrus für die Kirche von bleibender Bedeutung ist, auch wenn eine direkte Nachfolge im altkatholischen Verständnis nicht gegeben scheint» (28). Der Ausdruck *primus inter pares* verdeutliche die Situierung dieses Primates «im Rahmen einer Synodalität und Kollegialität der Ortskirchen und ihrer Bischöfe». Die ortskirchlich ansetzende Ekklesiologie sehe in Verbindung mit der altkirchlichen Patriarchatsverfassung den Papst als den, der «als erster der Patriarchen den universalen Primat ausübt» (29).

Dass die Beziehung von Primat und Synodalität in den Ortskirchen nach dem *Bild* der Universalkirche gestaltet werden soll, kann also für Altkatholiken – im Grunde freilich auch für römisch-katholische Christen – nicht heissen: nach dem *Vorbild* der «real existierenden römischen Weltkirche».

Was in Nr. 30 zur Funktion des päpstlichen Primates «in erster Linie» ausgeführt wird, wünschte man sich auch in der römisch-katholischen Kirche verwirklicht. Auf den Punkt zugespitzt liesse sich formulieren: Dienst an der Kommunikation der (Orts-)Kirchen, am Einschluss und nicht am Ausschluss der Gläubigen von der *communio* und *communicatio in sacris*. Als Papst soll der Bischof von Rom sein

- «ein personales Zeichen der universalen Einheit der Ortskirchen»
- einer, der, wo Einheit und Bleiben in der Wahrheit gefährdet sind, «mit die Ortskirchen verpflichtenden Initiativen vorangeht und gemeinsame Entscheidungsfindungen koordiniert»
- einer, der «in bestimmten Fällen Appellationen entgegennimmt».

Altkatholiken (und die Mehrheit der römisch-katholischen Christen) lehnen einen Jurisdiktionsprimat in dem Sinn ab, dass der Papst «ohne entsprechende Aufforderung direkt und jederzeit in Ortskirchen einzugreifen oder Entscheidungen in Fragen, welche die Bewahrung der Gemeinschaft der Ortskirchen in der

Wahrheit und in der Liebe betreffen, allein zu treffen ermächtigt ist».

Aus römisch-katholischer Sicht möchte man hinzufügen: Nicht der Papst und schon gar nicht die Kurie! Wie aber beschreibt der Bericht die römisch-katholische Position?

5.2 Die römisch-katholische Position

Unter Berufung auf das Dokument «Communio Sanctorum», erarbeitet von der Arbeitsgruppe der Deutschen Bischofskonferenz und der Kirchenleitung der VELKD und in 2000 veröffentlicht, wird festgehalten, «dass spätestens nach dem Ersten Vatikanischen Konzil der Jurisdiktions- und Lehrprimat integraler und seinem Wesen nach, nicht aber in allen seinen konkreten Ausformungen, unaufgebbarer Bestandteil des Petrusdienstes ist» (31). Vieles wird von der Klausel «seinem Wesen nach, nicht aber in allen seinen konkreten Ausformungen» abhängen. Wie daraus ein Modell für andere Einheitsbemühungen werden kann, ist noch nicht zu erkennen, zumal «Communio Sanctorum» innerhalb der evangelischen Theologie und Kirche höchst umstritten ist.

Die römisch-katholische Lehre sieht den Petrusdienst «in personaler Nachfolge des Apostels Petrus», geschichtlich verwirklicht «in Person und Aufgabenstellung des Bischofs von Rom», dem zur Erfüllung seiner universalkirchlichen Aufgabe «vor allem jene letztverbindliche Leitungs- und Lehrkompetenz [zukommt], ohne welche der Amtsträger die ihm anvertraute Sorge für die Einheit der Kirche in der Wahrheit des Evangeliums nicht wirksam wahrnehmen könnte» (32 mit Zitierung von CS Nr. 193).

Können die altkatholischen Kirchen einer solchen Lehre zustimmen? Ist es für die Aufnahme von Kirchengemeinschaft notwendig, dass sie zustimmen? Letzteres dann nicht, wenn für die Altkatholiken gilt, was das Zweite Vatikanische Konzil den Orthodoxen angeboten hat: die *communicatio in sacris* – ohne die

Anerkennung des Papstes zu fordern. Wenn allerdings für eine vertiefte Kirchengemeinschaft auch eine weitergehende Verständigung hinsichtlich des Petrusdienstes wünschenswert und für das ekklesiologische Selbstverständnis der altkatholischen Kirchen doch Voraussetzung für das Eintreten in eine Kirchengemeinschaft ist, welche Chancen gibt es, wenn das in Artikel 32 Vorgetragene die Lehre der römisch-katholischen Kirche ist und bleibt? Realistisch betrachtet nur dann, wenn wenigstens die im folgenden Artikel 33 gemachten Einschränkungen von der römisch-katholischen Kirche als gemeinsame Auffassung rezipiert und strukturell umgesetzt werden: Jurisdiktionsprimat nur innerhalb der Communio-Struktur; Unfehlbarkeit «lediglich in der absoluten Treue zum apostolischen Glauben»; die rein kirchlichen Gesetze der römischen Kirche sind nur für römisch-katholische Christen verpflichtend.

Nicht aufgenommen wird die häufig von römisch-katholischen Ekklesiologen und Kanonisten vorgeschlagene pragmatische Relativierung der Dogmen des Ersten Vatikanischen Konzils, dass nämlich der Papst sich moralisch verpflichte, sein Amt nur im Rahmen einer Communio-Ekklesiologie auszuüben. Reicht eine moralische Verpflichtung? Könnte das Erste Vatikanum nicht auch kirchenrechtlich fortgeschrieben werden, indem in den CIC aufgenommen wird, was die Konzilsmehrheit 1870 nicht in den Definitionsteil der Konstitution aufnehmen wollte, dass sich nämlich der Papst auf den Glauben und den Rat der ganzen Kirche stützt, wenn er unfehlbar definitiv feststellt, was Glaube der Kirche ist? Was hindert eine Re-Rezeption des Ersten Vatikanischen Konzils, wie Yves Congar die Rezeption der faktischen und kirchenrechtlichen Rezeption dieses Konzils genannt hat? Solange die römisch-katholische Lehre sich schwertut mit einer «kreativen Kontinuität», damit, dass Treue zu Jesus Christus heisst: zu fragen, was Jesus Christus heute von uns will – solange wird es selbst innerhalb der eigenen Konfessionsfamilie nicht einfach sein, einen differenzierten Konsens zu erreichen.

6 Grundlegende Übereinstimmungen – offene Fragen

Der 6. Abschnitt skizziert, was auf dem Weg zur vollen Kirchengemeinschaft schon erreicht und was noch aufzuarbeiten ist. Nachdem die Methode des differenzierten Konsenses bekräftigt wurde (34/35), folgt ein kurzer Abschnitt, der die «grundlegenden Übereinstimmungen» zusammenfasst, bevor dann ausführlicher über «offene Fragen» berichtet werden muss.

6.1 Differenzierter Konsens: wenn – dann (nicht mehr) kirchentrennend

Der Abschnitt über die grundlegenden Übereinstimmungen resümiert in den Artikeln 36–38 die ekklesiologischen Aussagen des 2. bis 4. Abschnitts. Wenn damit die für einen differenzierten Konsens notwendige, aber auch hinreichende Übereinstimmung festgehalten wird, darf das nicht unterschätzt werden! Noch wichtiger für den altkatholisch–römisch-katholischen Dialog und darüber hinaus für alle Verständigungsversuche hinsichtlich des Petrusdienstes ist die Folgerung, die in Artikel 39 aus dem Grundkonsens gezogen wird: «[…] dass die auf dem Ersten Vatikanum formulierte Lehre des Primats des Papstes, wenn damit der Papst nicht aus der *Communio*-Struktur herausgelöst wird, nicht mehr das Gewicht einer kirchentrennenden Differenz wie früher haben muss».

6.2 Aber es bleiben offene Fragen

Aus dem einschlägigen Abschnitt 6.3 greife ich die Fragen heraus, die sich auf die Ekklesiologie im engeren Sinn beziehen bzw. den diesbezüglichen differenzierten Konsens gefährden könnten. (Ich vernachlässige dabei, dass dies in gewissem Sinn auch für den Umgang mit den «Mariendogmen» gelten kann.)

6.2.1 Petrusdienst

Artikel 41 nennt den entscheidenden Punkt: Es geht um die dogmatische und kirchenrechtliche «Situierung des Papstes im Lebens- und Bezeugungsgeschehen der Kirche in ihren unterschiedlichen räumlichen Dimensionen» sowie um deren «Rückwirkungen» auf die Communio-Ekklesiologie, die bei der Ortskirche ansetzt. Wie ich in meinen kommentierenden Bemerkungen schon andeutete, geht es bei diesen offenen Fragen nicht um einseitig zu beantwortende. Angefragt ist vielmehr in erster Linie die römisch-katholische Lehre und Praxis, die zugleich zu entsprechenden Reaktionen aufruft: also ein wechselseitiger, eben ökumenischer Prozess! Dass zunächst die römisch-katholische Kirche angefragt ist, machen die folgenden Artikel deutlich: Artikel 42 legt den Finger nochmals auf die Spannung in der Kirchenkonstitution einschliesslich der «nota explicativa praevia». In Artikel 43 unterstreicht der Bericht die Hoffnung, dass mit diesem nicht ausgeglichenen Nebeneinander «das letzte Wort noch nicht gesprochen sein muss», und verweist jetzt (erstmals, soweit ich sehe) auf die Enzyklika «Ut unum sint»[35] sowie auf die von mir schon erwähnte Grazer Äusserung Joseph Ratzingers hinsichtlich der Situation im ersten Jahrtausend.

Ab Artikel 44 werden dann Diskussionsgegenstände innerhalb dieser Grundfrage benannt: das Verhältnis von Eigenständigkeit der Ortskirche(n) und Primat des Papstes z. B. hinsichtlich der Wahl der Bischöfe (44); Auflösung oder Akzeptierung der Spannung zwischen Primat und «primus inter pares», der Differenz zwischen fester und nur vager institutionalisierter Fassung der «Universalkirche» (45). Letzteres wird konkret in der Kollegialität der Bischöfe mit dem Papst, was «für die altkatholische Sicht einer universalen Gemeinschaft von Ortskirchen fremd ist» (46). Wiederum rückgefragt: nicht vertraut oder suspekt? Im Kleindruck wird das altkatholische Verständnis so

35 Vgl. dazu das Themenheft «Die ökumenische Zukunft», für das Angela Berlis einen Beitrag aus altkatholischer Sicht verfasst hat. *Berlis*, Überlegungen.

skizziert: Das Bischofskollegium (dieser Ausdruck jedenfalls ist fremd = ungebräuchlich) ist «primär Ausdruck der Synodalität der Ortskirchen untereinander», also nicht primär mit dem Papst als Haupt das Leitungsgremium der Universalkirche. Schliesslich wird in Artikel 47 noch auf eine Detailfrage eingegangen und zugleich die Perspektive für eine Verständigung eröffnet – in der Tat könnte das modellhaft sein! Konkret: Es geht darum, ob die Herleitung des Petrusdienstes als Amt einer Person «*zwingend* aus *neutestamentlichen* Vorgaben» möglich ist und damit als «göttlichen Rechts» bezeichnet werden könnte. Der Ausdruck ist «fremd», die Sache muss es nicht sein, wenn damit «der Dienst an der Einheit, Sendung und Synodalität der von Bischöfen geleiteten und repräsentierten Ortskirchen verstanden wird».

6.2.2 Ordination von Frauen

Es ist bezeichnend für die aktuelle ökumenische Situation: Nach Meinung des Berichts liegt «dieser Differenzpunkt [...] allerdings auf einer anderen Ebene als die bisher genannten» – das waren die «Papst- und die Mariendogmen» – dennoch muss darauf relativ ausführlich (Artikel 56–73) eingegangen werden. Während es in dem Abschnitt zu den Mariendogmen nach der Darstellung der beiden Positionen einen «weitere Perspektiven» überschriebenen Abschnitt gibt, war ein solcher Ausblick hier wohl nicht möglich. Ist der Punkt für römisch-katholische Theologie nicht mehr diskussionsfähig, in der Ökumene nicht mehr «verhandelbar»? Die römisch-katholische Seite sollte jedenfalls zur Kenntnis nehmen, dass die vorgebrachten Argumente gegen die Ordination von Frauen (vor allem das Beispiel Jesu und die Braut/Bräutigam-Metaphorik) die Altkatholiken zumeist ebenso wenig überzeugen wie seinerzeit die Anglikanische Gemeinschaft. Es bleibt als Argument der Verweis auf die Tradition der Kirche, der sich freilich ebenfalls hinterfragen lassen muss. Will der Herr der Kirche, dass wir heute das tun, was jahrhundertelang galt, oder das, was wir heute im Licht des Evangeliums und der menschlichen Erfahrungen für gemäss halten? Am Ende bleibt dann vielleicht nur noch die Angst vor einer Spaltung der römisch-katholischen Kirche, die ja von interessierten Kreisen bereits beschworen wird. Für das Amt der Einheit stellt dies jedenfalls eine nicht zu unterschätzende Herausforderung dar; auch innerhalb der Kirchen der Utrechter Union schied eine Kirche aus, aber nur eine, und ansonsten hat die unterschiedliche Praxis und Begründung «kein kirchentrennendes Gewicht» (71). Allerdings heisst es dann in Artikel 72, vermutlich im Blick auf die Kirchengemeinschaft mit der römisch-katholischen Kirche, dass sich für die altkatholische Seite die Frage stellt, ob die Unterschiede in Praxis und theologischer Begründung «einen Aspekt des christlichen Glaubens betreffen, der die kirchliche Gemeinschaft als solche verunmöglicht oder zulässt». Ich interpretiere: Falls die römisch-katholische Kirche die Ordination von Frauen als gegen den Willen des Herrn eingeführt deklariert, könnte eine Kirchengemeinschaft mit den altkatholischen Kirchen infrage gestellt sein. Das bleibt – mit Hinweisen auf andere ökumenische Texte – offen.

6.2.3 Zur Gestalt einer Kirchengemeinschaft

Interessanterweise folgt dem Abschnitt über die offenen Fragen noch einer unter der Überschrift «Altkatholische Vorstellungen zur Gestalt einer möglichen Kirchengemeinschaft». Die Frage ist unvermeidlich: Weshalb nur die altkatholischen Vorstellungen? Ist römisch-katholischerseits schon alles gesagt, oder hat das Modell, das nicht Rückkehr-Ökumene sein will, noch keine Konturen? Oder kommen hier nur die Altkatholiken aus dem Grund zu Wort, weil sie gewisse Befürchtungen haben, wenn sie mit «Rom» Gemeinschaft aufnehmen? Das scheint in der Tat die Intention zu sein. Zum einen geht es darum, dass die Utrechter Union «als Kirche mit ihren eigenen liturgisch-kanonischen Strukturen und ihren ökumenischen Verpflichtungen, die sie mit anderen Kirchen eingegangen ist, weiter existiert» (83). Zum anderen geht es darum zu beschreiben, was bei einer solchen relativen Eigenständigkeit «Gemeinschaft mit dem Bischof von

Rom» einschliessen würde (84 und 85) – und was nicht (86). Beides wird auch für andere Einheitsbemühungen gelten, was man «modellhaft» nennen kann. Wie der Schlusssatz in Nr. 86 anzeigt, ist ein Modell allererst zu erarbeiten «für die Art und Weise, wie der Bischof von Rom seinen Dienst an der universalen Einheit der Kirche im Blick auf die angestrebte Gemeinschaft mit der Utrechter Union wahrnimmt, [...] das die oben dargelegte Sicht seines Primats in der Spannung von wechselseitiger Verpflichtung für die Gemeinschaft und dem Prinzip der Subsidiarität konkretisiert».

7 Abschliessende Einschätzung

Ich habe meine Aufgabe so verstanden, dass ich die hier vertretenen ekklesiologischen Ansätze und Skizzen vor allem im Hinblick darauf befrage, inwiefern «die hier dargelegten Überlegungen auch bei anderen Einheitsbemühungen ein Modell für eine Kirchengemeinschaft mit Rom sein könnten» (4). Mein stellenweise kritischer Kommentar will das Verdienst der Dialogkommission nicht schmälern; das wäre ungerecht. Die Anfragen waren ja häufig an die eigene, die römisch-katholische Kirche gerichtet. Positiv formuliert: Wenn die römisch-katholische Seite die hier präsentierten ekklesiologischen Grundlagen der Communio-Ekklesiologie in Lehre und Kirchenrecht übernähme bzw. verdeutlichte und festschriebe, dann hätte dieser Bericht zu einem Ergebnis geführt, dem Modellcharakter zukommen könnte. Im Grunde müssten jetzt beide Seiten, vor allem aber die römisch-katholische, ihre «Hausaufgaben» machen und dann zu einer weiteren Dialogrunde zusammenkommen. Es sei denn, «Rom» sähe wegen der Frauenordination darin keinen Sinn, oder die Kluft zwischen Communio-Ekklesiologie und zentralistischer Ekklesiopraxis würde nicht geschlossen. Falls wir die im Schlussabschnitt 6.5 geäusserte Hoffnung teilen, könnte die Beilegung des «Familienstreites» auch für die Auseinandersetzung mit den «Nachbarn» relevant («Modell») sein.

Literaturverzeichnis

Bellarmin, Robert: Controversiarum de conciliis III, 2, in: *ders.:* Opera [ed. J. Fèvre] 2. Paris 1870 [unv. Nachdruck Frankfurt a. M.: Minerva, 1965], 317.

Berlis, Angela: Überlegungen zur ökumenischen Zukunft des Petrusdienstes aus altkatholischer Sicht, in: ThQ (1998) 149–154.

Brown, Raymond E. (Hg.): Der Petrus der Bibel. Eine Ökumenische Untersuchung. Calw: Calwer, 1976.

Busch, Eberhard: Meine Zeit mit Karl Barth. Göttingen: Vandenhoeck&Ruprecht, 2011.

Communio/Koinonia. Ein neutestamentlich-frühchristlicher Begriff und seine heutige Wiederaufnahme und Bedeutung. Eine Stellungnahme des Instituts für Ökumenische Forschung. Strassburg 1990.

Delp, Alfred: Im Angesicht des Todes. Frankfurt a. M.: Knecht, 1949.

Fuchs, Ottmar: Die Communio der Kirche, in: *Hilberath, Bernd Jochen (Hg.):* Communio – Ideal oder Zerrbild von Kommunikation? (QD 176). Freiburg i. Br. 1999, 209–234.

Hilberath, Bernd Jochen: «Substanzverwandlung» – «Bedeutungswandel» – «Umstiftung». Zur Diskussion um die eucharistische Wandlung, in: Cath. 39 (1985) 133–150.

Hilberath, Bernd Jochen: Kirche als communio. Beschwörungsformel oder Projektbeschreibung?, in: ThQ 174 (1994) 45–65.

Hilberath, Bernd Jochen: Die Rede von Jesus dem Christus im Kontext «postmoderner» Glaubenserfahrung, in: *Baumann, Urs/Jasper, Bernd (Hg.):* Glaubenswelten. Zugänge zu einem Christentum in multireligiöser Gesellschaft. Frankfurt a. M.: Lembeck, 1998, 87–103.

Hilberath, Bernd Jochen: Wahrheit und Glaube. Anmerkungen zum Prozess der Glaubenskommunikation, in: *ders. (Hg.):* Dimensionen der Wahrheit. Hans Küngs Anfrage im Disput. Tübingen/Basel: Francke, 1999, 51–80.

Hilberath, Bernd Jochen: Theologischer Kommentar zum Dekret über den Ökumenismus Unitatis redintegratio, in: *Hünermann, Peter/Hilberath, Bernd Jochen:* Herders Theologischer Kommentar zum Zweiten Vatikanischen Konzil, Bd. 3. Freiburg i. Br.: Herder, 2005, 69–223.

Hilberath, Bernd Jochen: Eine Theologie des Gehorsams aus römisch-katholischer Sicht, in: Una Sancta 61 (2006) 103–119.

Kasper, Walter: Kirche als communio. Überlegungen zur ekklesiologischen Leitidee des II. Vatikanischen Konzils, in: Theologie und Kirche. Mainz: Matthias Grünewald, 1987, 272–289.

Kasper, Walter: Das Verhältnis von Universalkirche und Ortskirche. Freundschaftliche Auseinandersetzung mit der Kritik von Joseph Kardinal Ratzinger, in: StZ 218 (2000) 795–804.

Kasper, Walter: Katholische Kirche. Wesen, Wirklichkeit, Sendung. Freiburg i. Br.: Herder, 2011.

Kirche und Kirchengemeinschaft. Bericht der Internationalen Römisch-Katholischen–Altkatholischen Dialogkommission. Paderborn/Frankfurt a. M.: Bonifatius/Lembeck, 2009.

Kommission für Glauben und Kirchenverfassung: Konvergenzerklärungen zu Taufe, Eucharistie und Amt, in: *Meyer, Harding/Urban, Hans Jörg/Vischer, Lukas:* Dokumente wachsender Übereinstimmung, Bd. 1: 1931–1982. Paderborn/Frankfurt a. M.: Bonifatius/Lembeck, [2]1991, 545–585.

Kongregation für die Glaubenslehre: Schreiben an die Bischöfe der katholischen Kirche über einige Aspekte der Kirche als Communio *Communionis notio* (VAS 107). Bonn: Sekretariat der Deutschen Bischofskonferenz, 1992.

Lutherisch/Römisch-katholische Kommission für die Einheit: Die Apostolizität der Kirche (Studiendokument). Paderborn/Frankfurt a. M.: Bonifatius/Lembeck, 2009.

Richter, Klemens (Hg.): Eheschliessung – mehr als ein rechtlich Ding? (QD 120). Freiburg i. Br.: Herder, 1989.

Schneider, Theodor; Wenz, Gunther; Sattler, Dorothea (Hg.): Das kirchliche Amt in apostolischer Nachfolge, 3 Bde.

Freiburg i. Br./Göttingen: Herder/Vandenhoeck&Ruprecht, 2004–2008.
Themenheft «Die ökumenischen Zukunft des Petrusdienstes»: ThQ 178 (1998) H. 2.
Walter, Peter: Ein Blick zurück und nach vorne aus dem Abstand von fast vierzig Jahren am Beispiel des Verhältnisses von Orts- und Universalkirche, in: *Wassilowsky, Günther (Hg.):* Zweites Vatikanum – vergessene Anstösse, gegenwärtige Fortschreibungen (QD 207). Freiburg i. Br.: Herder, 2004.

Matthias Pulte

Was ist Kirche – wer ist Kirche?

Das Kirchenverständnis nach katholischer Lehre aus dem Blickwinkel des römisch-katholischen Kirchenrechts betrachtet

Nicht erst die Aufbrüche des Zweiten Vatikanischen Konzils und dessen grundlegende Anerkennung anderer christlicher Bekenntnisse als Kirchen und/oder kirchliche Gemeinschaften haben die Frage nach dem Wesen der Kirche auf die Agenden theologischer Diskussionen und gemeindlich engagierter Gesprächskreise gehoben. Dabei sorgen vielfältige hermeneutische Betrachtungen für ganz unterschiedliche Zugänge zum Begriff Kirche, der dann zutreffend das Wesen dieser Kirche in der heutigen Zeit und Welt beschreiben soll.[1] Wir vergewissern uns in diesem Beitrag aus kir-

1 Zur Gesamtproblematik einer historisch, theologisch und auch sicherlich kanonistisch zutreffenden Hermeneutik zum Zweiten Vatikanischen Konzil wäre zuerst das Grundanliegen Johannes' XXIII. zu bedenken, vgl. *Bredeck*, Vatikanum 92–139, bes. 137 f. Bredeck weist zu Recht auf Karl Kardinal Lehmann hin, der aufgrund der Vielschichtigkeit des Konzils eine ganzheitliche Interpretation des Konzils zu dessen richtigem Verständnis einfordert. Vgl. *Lehmann*, Überlieferung 98. Danach kann man aber nicht einfach bei Johannes XXIII. stehenbleiben. Die ekklesiologische Hermeneutik des Konzils hat schliesslich im Werden der Dokumente weiter an Gestalt gewonnen. Daran hatte auch Paul VI. seinen Anteil, blickt man auf seine Rolle während des Konzilsverlaufs und seine konsequente und wahrlich nicht zögerliche Umsetzung der Beschlüsse in der nachkonziliaren Gesetzgebung. Hier sind hervorzuheben: Matrimonia mixta, Ecclesiae sanctae, Sacrum Diaconatus ordinem. Alle Dokumente dienen der Umsetzung des johannäischen Diktums vom Aggiornamento, der Anpassung der Ausübung der Sendung der Kirche an die Erfordernisse der gegenwärtigen Zeit. Vgl. dazu *Bredek*, Vatikanum 29.

chenrechtlicher Sicht noch einmal der Entwicklungsgeschichte dieses Themas. Dabei stand zuerst nicht die Frage im Raum, wer Kirche ist.[2] Wichtiger schien es den Kirchenvätern zunächst zu betonen, was die Kirche ist: *sacramentum unitatis* sagt Cyprian von Karthago. Andere Kirchenväter folgen ihm in dieser Zuschreibung.[3] Diese personale Dimension, wenn man es so umschreiben möchte, erscheint demgegenüber eher eine Entwicklung der Postmoderne zu sein. Die Fragen, welcher rechtlichen Natur die Kirche als transzendentale und als geschichtliche Wirklichkeit ist, welche facettenreichen rechtlichen Dimensionen dieser schlichte Begriff umschreibt, entstehen vor allem vor dem Hintergrund der reformatorischen Aufbrüche des 16. Jahrhunderts. Wer Kirche zutreffend juristisch erfassen möchte, muss die Mehrdeutigkeit des Begriffs Kirche (*ecclesia*) in den Blick nehmen.[4] Sie reicht schliesslich von der punktuellen heiligen Versammlung bis hin zur rechtlich verfassten, hierarchisch gegliederten Struktur, die seit nunmehr über 2000 Jahren eine *realitas complexa* in dieser Welt darstellt und in der Zeitgeschichte auf höchst unterschiedliche Weise das Antlitz von Welt und Menschheit mitgeprägt hat.

Es würde in die Irre führen, wenn man das Wesen der Kirche auf ihren Anteil an der Förderung des Gemeinwohls reduzieren würde. Eine rein charismatische, freigeistliche Umschreibung dessen, was Kirche ist, genügt aber auch nicht, weil die Ignorierung des rechtlichen Aspekts ausklammert, dass die Kirche als reale Körperschaft einer normativen Ordnung bedarf, die der Kirche nicht einfach zusätzlich zu dem, was ihr Wesen ausmacht, zugewachsen ist. Schon in frühchristlicher Zeit hat sich die Kirche als eine korporative Realität erfahren und benannt. Grundlegende Normen und essenzielle Strukturelemente lassen sich bereits im ersten nachchristlichen Jahrhundert nachweisen, hier vor allem auch in den paulinischen Schriften, die an konstitu-

2 Vgl. *Kistner*, Recht 131–138.

3 Vgl. *Cyprian*, Unit. Eccl. 4, 137; *Beinert*, Sakramentalität 14–30; *Kleinschwärzer-Meister*, Gnade 342 f.

4 Vgl. *Vorgrimler*, Theologisches Wörterbuch 345.

ierte Gemeinden mit stabilisierenden Strukturen (um nicht von Ämtern im kanonistischen Sinne zu sprechen) gerichtet sind.[5] Das wird grundsätzlich auch von der reformatorischen Theologie lutherischer und calvinistischer Prägung bejaht. Freilich unterscheiden sich die Akzentsetzungen. Katholischerseits wird auf der Ebene des Kirchenrechts in can. 204 § 2 CIC zunächst die Kirche als eine Institution verstanden, die in dieser Welt korporativ und hierarchisch verfasst ist. Can. 207 verweist sodann auf diese hierarchische Ordnung, deren Grundkonzeption in der Unterscheidung zwischen Klerikern und Laien dem *ius divinum positivum* zugesprochen wird. Auf diese Weichenstellungen gilt es im ökumenischen Gespräch nicht nur bei der Frage der Zulassung zu den Heilszeichen und -mitteln, sondern vor allem auch bei der Diskussion um die Kirchenverfassung zu achten.[6] Wenn zu bejahen ist, dass die Kirche von ihrem Wesen her auch eine rechtliche Dimension hat, zeigt sich, dass die Frage einer theologischen Begründung des katholischen Kirchenrechts insgesamt im Grunde eine ekklesiologische Frage ist.[7] Allerdings werden die meisten Überlegungen zur theologischen Begründung des Kirchenrechts von Kanonisten angestellt.[8] Dabei handelt es sich jedoch nicht um eine Entwicklung, die schon mit der Tendenz zur Verrechtlichung in der Kirche ab dem 3. Jahrhundert begon-

5 Rom, Korinth, Galatien, Ephesus, Caesarea Philippi, Kollossae, Thessalonich. In den Anschriften finden sich in unterschiedlicher Deutlichkeit Hinweise auf bereits verfestigte ortskirchliche Strukturen, wenn Paulus an die Kirche Gottes in Korinth (1 Kor 1,2; 2 Kor 1,1) oder die Gemeinde in Galatien (1 Kor 16,1; Gal 1,2) und die in Thessalonich (1 Thess 1,1; 2 Thess 1,1) schreibt. Undeutlicher erscheinen die Hinweise, wenn die Briefe an die Heiligen in […] adressiert sind, wie das in den übrigen Gemeindebriefen der Fall ist. Davon kann man aber sicher nicht auf das Fehlen einer territorialen Gemeindestruktur schliessen. Freilich mögen Form und Grad der Institutionalisierung verschieden gewesen sein.

6 Vgl. *Marx*, Organisations- und Amtsstrukturen 20–24.

7 Vgl. *Ratzinger*, Volk Gottes 90–104.

8 *Aymans/Mörsdorf*, Kanonisches Recht. Lehrbuch, Bd. I; *Aymans/Gerosa*, Antonio María Rouco Varela 24–52.

nen hätte. Ein erster Fixpunkt ist mit der ekklesiologischen Ausrichtung des auf dem Ersten Konzil von Konstantinopel (381) formulierten Glaubensbekenntnisses auszumachen, das die Einheit, Heiligkeit, Katholizität und Apostolizität der Kirche als deren vier Wesensmerkmale beschreibt und bekennt.[9] Es bedurfte erst der Auseinandersetzung mit der Reformation, um diese Fragestellungen einzuleiten, das eigene juridische Verständnis zu konsolidieren, Abgrenzungen zu anderen Konfessionen aufzuweisen und das Verhältnis von Staat und Kirche(n) in einem multikonfessionellen Raum neu zu bestimmen, auch wenn vielfach noch über Jahrhunderte Räume konfessioneller Homogenität erhalten blieben. Bis zu dieser Zeit war bei allen Kämpfen um die Vormacht in der Welt das korporative Kirchenbild im *Corpus Christianum* nicht infrage gestellt. Nicht einmal das grosse abendländische Schisma (1058) brachte einen Bruch, weil auch die nunmehr von Rom getrennten autokephalen orientalischen Kirchen die grundsätzliche Einheit im christlichen Weltbild nicht infrage gestellt haben. Die Konflikte zwischen weltlicher Macht und Kirche im Westen konzentrierten sich auf die Frage von Superiorität oder Inferiorität der Kirche in allen Bereichen, in denen es Interessensüberschneidungen gegeben hat. Das galt insbesondere für das Vermögens- und das Ämterrecht, hier besonders der Streit um die Besetzung der bischöflichen Stühle. Insofern verwundert es nicht, dass die theologischen Sätze des ersten Konzils von Konstantinopel mit einer fortschreitenden Verrechtlichung zu den kanonistischen Ecksteinen der kirchlichen Verfassungslehre wurden. Vor diesem Hintergrund ist das Wormser Konkordat (1122) richtungweisend, das erstmals einen Kompromiss über die korporativ institutionellen Zuständigkeiten für den geistlichen und den weltlichen Bereich beinhaltet, indem die weltliche und die kirchliche Sphäre als jeweils eigen-

9 Erstes Konzil von Konstantinopel (381), DH 150: «*Credimus […] et unam sanctam catholicam et apostolicam ecclesiam.*» Vgl. *Rahner/Vorgrimler*, Konzilskompendium 347.

berechtigt anerkannt werden. Gleichwohl weiss Papst Calixtus Kaiser Heinrich IV. als seinen geliebten Sohn anzureden, wohingegen der Kaiser ohne Bezugnahme auf den Papst das Gottesgnadentum seiner Herrschaft statuiert.[10] Die Inanspruchnahme der je eigenen Autonomie forderte jedoch noch nicht eine theologische und/oder philosophische Begründung der Institutionenlehre heraus.

Mit der Reformation und daraus hervorgegangenen neuen Kirchenverständnissen[11] stellen sich Fragen für das Verhältnis von Kirche und Staat, die sowohl einer ekklesiologischen Grundlegung durch die Theologie als auch einer philosophischen und juristischen Staatslehre bedurften. Am 10. Dezember 1520 verbrannte Martin Luther vor dem Elstertor zu Wittenberg das *Corpus Iuris Canonici* zusammen mit der Bannandrohungsbulle des Papstes, beides Dokumente einer korporativ-institutionell verfassten Kirche, beides Symbole der Realidentität von Kirche Christi und katholischer Kirche. Er protestierte auf diese Weise gegen die universalrechtlichen Ansprüche des Papstes, die bis zur durchgreifenden Einflussnahme in das Recht der Ortskirchen reichen konnte, und vollzog mit diesem Akt zugleich den endgültigen Bruch mit Rom. Zwar sollte sich aus diesem Ereignis keine rechtsfreie Kirche entwickeln, aber Recht sollte nach Luthers seinerzeit noch weitgehend ungeklärter Vorstellung einen anderen Stellenwert bekommen, als es bisher in der Kirche gehabt hat. Die Vorstellung bleibt überwiegend diffus. Dabei erscheint Luthers Grundoption nicht rechtsfeindlich. Die Frage der Legitimation des Rechts, speziell jene des kirchlichen Rechts, wird von ihm deutlich anders als bisher akzentuiert, wenn er feststellt, dass niemand, weder Papst noch Bischöfe, das Recht haben, den Menschen Rechtsnormen ohne deren Zustimmung

10 Wormser Konkordat, deutscher Text bei *Läpple*, Kirchengeschichte 121–122, lateinischer Text bei *Weiland*, Monumenta Germaniae 159–161.

11 Vgl. *Marx*, Organisations- und Amtsstrukturen 20–24.

aufzugeben.[12] Im Übrigen genügten die Rechtssätze der Bibel.[13] Luther, der zwar mit dem Jurastudium begonnen, dies aber zugunsten der Theologie bald aufgegeben hatte, wandte sich in seiner akademischen Forschung und Lehre intensiv der Hl. Schrift zu. Vom biblischen Befund ausgehend, nahm er eine grundlegende Unterscheidung zwischen der *ecclesia abscondita* und der *ecclesia universalis* (*visibilis*, *manifesta*) vor, wobei nur letztere einer rechtlichen Ordnung durch den Menschen im Rahmen einer Verwaltungsordnung zugänglich sei.[14] Luther ging es auf der Basis seines dualen Kirchenbildes nicht darum, rechtsfreie Räume zu schaffen, sondern dem Recht in der Kirche durch Destruktion des von ihm als übermächtig wahrgenommenen kanonischen Rechts seinen nachgeordneten Platz in der Heilsordnung zuzuweisen.[15] Die protestantischen Kirchen haben sich aus der Rechtskontinuität des katholischen Kirchenrechts gelöst und in diesem Sinne ein eigenes, positives Recht auf der Basis der Bekenntnisschriften (und auch des landesherrlichen Kirchenregiments) geschaffen, die so genannten Kirchenordnungen. Die überkommene Struktur der Kirche wird als Fehlentwicklung betrachtet, in deren Verlauf sich die Kirche in eine «*societas externarum ac rituum degeneriert*»[16] habe. Dem Kirchenrecht kommt demgegenüber in der konkreten und nicht mit dem *Corpus Christi mysticum* zu verwechselnden Rechtsgestalt und den diesen inhaltlich bestimmenden Kirchenbegriff (Bibel – Beisammensein – Brotbrechen – Beten) eine der katholischen Kirche vergleichbare Bedeutung nicht zu:

> «[…] es ist nicht zur wahren Einheit der christlichen Kirche nötig, dass überall die gleichen, von den Menschen

12 Vgl. *Pelikan/Lehmann*, Luther's Works, LW 36: 70. Im Folgenden zitiert: LW Band: Seitenzahl.

13 Vgl. LW 44: 203–204.

14 Vgl. *Heckel*, Irrgarten; *Witte*, Law and Protestantism.

15 Vgl. *Witte*, Law and Protestantism 4.

16 *Ratzinger*, Volk Gottes 91.

eingesetzten Zeremonien eingehalten werden.» (Art. 7 Augsburger Bekenntnis)[17]

Auf ihren rechtsphilosophischen Kern gebracht, wendet sich die aktuelle Interpretation der «Zwei-Reiche-Lehre» sowohl gegen die Idee einer rein geistlichen Weltherrschaft als auch gegen den Gedanken, religiöser Fundamentalismus könne der weltlichen Ordnung ihre Legitimität absprechen.[18] Die vor allem vom protestantischen Rechtshistoriker Rudolph Sohm (1841–1917) entwickelte These, dass die Kirche unsichtbar sei und dass es in der Urkirche kein Kirchenrecht gegeben habe, weshalb das Kirchenrecht in einem unlösbaren Widerspruch zum Wesen der Kirche stehe[19] mit der Folge, dass man die kirchliche Rechtsordnung durchaus der weltlichen Autorität überlassen könne, wurde schon in den 1930er-Jahren dahingehend überwunden, dass auch innerkirchlich die Notwendigkeit vom Staat unabhängiger Kirchenordnungen erkannt wurde. Das wird vor allem in den folgenden Sätzen der Barmer Theologische Erklärung (29.–31.5.1934) deutlich:

> «Wir verwerfen die falsche Lehre, als dürfe die Kirche die Gestalt […] ihrer Ordnung ihrem Belieben oder dem Wechsel der jeweils herrschenden weltanschaulichen und politischen Überzeugung überlassen.» (Eph 4, 15–16); Nr. 4:

17 Vgl. dazu auch Art. 8 des Augsburger Bekenntnisses vom 25. Juni 1530: Danach ist die Kirche, die Versammlung der Heiligen und wahrhaft Glaubenden bleibt, zugleich aber auch ein *corpus permixtum*, da sich in ihr auch Heuchler und Schlechte finden. Online unter www.ekd.de/bekenntnisse/augsburger_bekenntnis.html (2.2.2011).

18 Vgl. *Winter*, Staatskirchenrecht 55.

19 Vgl. *Sohm*, Kirchenrecht I, 700: «Menschlicher Kleinglaube hat gemeint, die Erhaltung der Kirche Christi durch menschliche Mittel, durch die Aufrichtung der hölzernen Säulen und Balken menschlicher Rechtsordnung sichern zu müssen […] Überall hat das Kirchenrecht sich als einen Angriff auf das geistliche Wesen der Kirche erwiesen […] Das Wesen der Kirche ist geistlich, das Wesen des Rechts ist weltlich. Das Wesen des Kirchenrechtes steht mit dem Wesen der Kirche im Widerspruch.»

«Wir verwerfen die falsche Lehre, als könne und dürfe sich die Kirche abseits von diesem Dienst besondere, mit Herrschaftsbefugnissen ausgestattete Führer geben und geben lassen (Mt 20,25–26).»[20]

Der Kirche als Gemeinschaft kann es eben doch nicht egal sein, wer ihre rechtlichen Strukturen lenkt. Das Kirchenregiment und die Beobachtung der kirchlichen Lehre müssen kircheneigene Institutionen wahrnehmen, die vom Staat unabhängig sind.[21] Kirche ist also autonom. Sie definiert theologisch und rechtlich ihren korporativ-verfassungsrechtlichen Status auf der Grundlage des je eigenen Bekenntnisses und der Heilsbedeutung, die dieses der verfassten Kirche zuspricht. Eine kirchenlegitimierende Bedeutung hat das Kirchenrecht in den aus der Reformation hervorgegangenen Kirchen[22] aber nicht erlangt.[23]

Im Zeitalter von Aufklärung und Absolutismus hatten sich bereits andere Anfragen an die Berechtigung des autonomen Kirchenrechts gestellt, die neben dem absoluten Machtstreben weltlicher Autoritäten in einer seit dem Mittelalter sich immer wiederholenden Gegenreaktion zu der bis dahin zumindest immer wieder beanspruchten Omnipotenz der Kirche gegenüber den weltlichen Mächten bestand. Zu Beginn steht der Versuch, die Kirche unter Ausserachtlassung jeder heilsgeschichtlichen Bedeutung und ohne Berücksichtigung der Legitimität des autonomen Selbstverständnisses wie einen Verein innerhalb der staatlichen Rechtsordnung zu behandeln. Der Kirche komme unter diesen Voraussetzungen die Rechtsetzungsbefugnis nicht aus sich selbst heraus, sondern allenfalls aufgrund staatlicher Verleihung zu. Dabei erreichte diese Ideologie nicht etwa in protestantischen Staaten ihren Gipfelpunkt. Das Maximum der Inferiorität der

20 Vgl. *Busch*, Die Barmer Thesen 1934–2004, Nrn. 3, 20.

21 Vgl. *Winter*, Staatskirchenrecht 60.

22 In diesem Beitrag wird die im ökumenischen Dialog übliche Sprachregelung verwendet.

23 Vgl. *Marx*, Organisations- und Amtsstrukturen 20–24.

Kirche erlebt die katholische Kirche in Österreich, wo sie im Josephinismus als eine Staatsanstalt behandelt wird.[24] Hier dehnt sich die absolute Staatsautorität auf den gesamten Bereich kirchlichen Lebens aus. Lediglich die Fragen des Glaubensinhaltes bleiben der kirchlichen Jurisdiktion vorbehalten.

Eine systematische Auseinandersetzung mit der Problematik der Begründung des Kirchenrechts begann etwa in der Mitte des 18. Jahrhunderts und ist insbesondere mit Johann Nepomuk Endres verbunden. Für ihn waren Kirche und Staat analog zu denken.[25] Das Ziel seiner Überlegungen bestand dabei darin, der Unterwerfung der Kirche durch den absolutistischen Staat entgegenzutreten. Man versuchte daher, aus der sozialen Gestalt der Kirche abzuleiten, dass die Kirche von sich aus ein eigenes Recht besitzen muss. Solche Überlegungen kamen als erstes in der «Würzburger Schule»[26] auf und wurden Anfang des 19. Jahrhunderts in der römischen Schule des «Ius Publicum Ecclesiasticum» (IPE) weiterentwickelt (wichtigste Vertreter: Camillo Tarquini, Felice Cavagnis).[27] Diesem Modell liegt die Institutionentheorie hermeneutisch zugrunde. Kirche ist nach einer kontemporären Definition in diesem Sinne ein «verhaltensregulierende[s] und

24 *Wenzel Anton Graf Kaunitz*: «Die Hoheit des Staates über die Kirche erstreckt sich auf die gesamte kirchliche Gesetzgebung und Praxis, die vom Menschen aufgestellt und geübt wird, und was die Kirche sonst an Zustimmung und Sanktion der weltlichen Macht verdankt. Infolgedessen muss der Staat immer die Macht haben, zu begrenzen, zu ändern oder früher gemachte Zugeständnisse rückgängig zu machen, wann immer es die Staatsräson, Missbräuche oder veränderte Umstände erforderlich machen.» Vgl. *Beer*, «Denkschriften des Fürsten Kaunitz» 1–162; *ders.*, Joseph II, Leopold II. und Kaunitz.

25 Vgl. *Endres*, De vero et genuino libertatis ecclesiarum Germaniae 558–619; *Merzbacher*, Johann Nepomuk Endres (1730–1791) 42–68.

26 Johann Adam Frh. von Ickstatt, Johann Kaspar Barthel, Georg Christoph Neller, Johann Nepomuk Endres.

27 Dabei werden zwei Formen des IPE unterschieden: Das IPE internum befasst sich mit der Lehre von Kirche und Staat als *societates perfectae*. Das IPE externum widmet sich dem Vertragsstaatskirchenrecht auf der rechtstheoretischen Grundlage der vorgenannten Disziplin. Vgl. *Tarquini*, Juris ecclesiastici publici; *Cavagnis*, Institutiones.

Erwartungssicherheit erzeugende[s] soziale[s] Regelsystem»[28], das der Umsetzung seiner Zielvorgaben dient. Das ist ganz paulinisch. Darauf lässt sich mit Blick auf das Apostelkonzil zu Jerusalem (Apg 15,1–35) verweisen. Wenn die älteste Definition von Kirche aussagt, dass sie Gemeinschaft der Glaubenden ist, tritt zu dieser institutionellen Komponente eine personale hinzu, die man schon aus der Theoriebildung des IPE nicht ausblenden darf.[29] Auch die Dienste und Aufgaben, von denen Paulus im Epheserbrief (4,11) spricht, sind zweifellos Institutionen, solche nämlich, die gewährleisten, dass die Kirche ihren Sendungsauftrag erfüllen kann. Eine davon gesondert zu beratende Frage ist, wie diese Institutionen im Lichte der neutestamentlichen Offenbarung auszugestalten sind. Näherhin geht es dabei um die Frage, welche institutionentheorethische Fragestellungen welchem Grad an Interpretation zugänglich sind. Hier zeigen die römisch-katholische Kirche, die aus der Reformation hervorgegangenen Kirchen und die autokephalen Kirchen ganz unterschiedliche Zugänge. Bei allen unterschiedlichen Interpretationsansätzen wird jedoch als verfassungsrechtliche Grundkonstante unumstritten sein, dass Kirche mehr ist als eine punktuelle Versammlung der Heiligen in Christus, als die sie von Paulus bisweilen angesprochen wird.

Den Ausgangspunkt der Überlegungen, die die Schule des IPE angestellt hat, bildet das naturrechtliche Axiom *ubi societas ibi ius*. Davon ausgehend wird die Kirche als eine *societas* beschrieben, und zwar als eine *societas perfecta*. Gemeint ist eine *societas iuridice perfecta*, d. h. eine Gesellschaft, die alle notwendigen und angemessenen Mittel besitzt, um ihr übernatürliches Ziel zu erreichen, den Menschen zum Heil zu führen. Diese Auffassung rezipierten die Schemata zu den Dekreten des unvollendeten Ersten Vatikanischen Konzils (1870/71), in denen die

28 Zur Definition *Czada*, Institutionelle Theorien 205.

29 Problematisch erscheint hier die Polarisierung bei *Kistner*, Recht 128–142.

Kirche als *societas perfecta* (Supremi pastoris 10)[30] angesprochen wird, die als Gemeinschaft der Christgläubigen als eine wahre Gesellschaft beschrieben wird, die hinsichtlich ihrer Heiligkeit über jeder menschlichen Ordnung stehe (Tametsi Deus 2).[31] «Gemeinschaft der Gläubigen» beschreibt in diesem Kontext aber nicht eine sich selbst gestaltende und organisierende Gruppe von Menschen. Die Strukturen liegen vielmehr *de iure divino* vor, weil sie entweder aus der neutestamentlichen Offenbarung direkt erkennbar oder kraft positiv göttlichen Rechts von der Kirche festgestellt worden sind. Der CIC/1917 hat dieses von der Apologetik[32] begründete Kirchenbild aufgenommen und in seiner Kirchengliedschaftslehre kanonistisch umgesetzt. Can. 87 CIC/1917 hält entsprechend fest, dass der Mensch durch die Taufe Christ (juristisch: Person) mit allen Rechten und Pflichten in der Kirche Christi wird, die mit der katholischen Kirche realidentisch ist. Das dieser Kirchengliedschaft zugrunde liegende Kirchenbild entsprach zwar dem vorkonziliaren Selbstverständnis der katholischen Kirche, erwies sich jedoch von Anfang an als ungeeignet, die ekklesiale Wirklichkeit der getrennten Christenheit zutreffend zu beschreiben.[33]

30 «*Christi autem Ecclesia non est societas aequalium, ac si omnes in ea fideles eadem iura haberent; verum est societas inaequalis, et hoc non ideo tantum, quia fidelium alii clerici sunt, alii laici; sed propterea maxime, quod in Ecclesia est potestas divinitus instituta, qua alii ad sanctificandum, docendum et regendum praediti sunt, alii destituuntur. Cum vero Ecclesiae potestas alia sit et dicatur ordinis, alia iurisdictionis: de hac altera speciatim docemus, eam non solum esse fori interni et sacramentalis; sed etiam fori externi ac publici, absolutam atque omnino plenam, nimirum legiferam, iudiciariam, et coercitivam.*» Acta et Decreta sacrorum Conciliorum recentiorum, col. 567–571.576–577.

31 Zu den Schemata «Supremi pastoris» und «Tametsi Deus» vgl. *Granfield*, Church 431–446. Kritisch zur Theorie des IPE und seiner Rezeption im Ersten Vatikanischen Konzil: *Gerosa/Müller*, Antonio María Rouco Varela 35 f.

32 Vgl. *Bellarmin*, De controversiis christianae, c. 2. Schon der Titel von Bellarmins Schrift zeigt die Zielrichtung der Verteidigung der katholischen Kirche als exklusiven Heilsweg an.

33 Vgl. *Aymans/Mörsdorf*, Kanonisches Recht. Lehrbuch, Bd. II, 11.

Die Lehre von der Kirche als *societas perfecta* kann man nicht angemessen beurteilen, wenn man nicht ihre Zielsetzung im Blick behält. Dabei geht es weniger um eine binnenkirchliche Ortsbestimmung als um die Verteidigung der kirchlichen Selbstbestimmung gegenüber dem staatlichen Allmachtsanspruch. Vor diesem Hintergrund ist es verständlich, dass nicht eine theologische, sondern eine philosophische Argumentation vorgelegt wurde. Staatlichen Ansprüchen konnte man nicht mit Argumenten entgegentreten, die den Glauben voraussetzen. Um die Kirche ihrem Wesen nach aus innerkirchlicher Sicht zu begründen, kann die Argumentation des IPE freilich nicht ausreichen. Dazu bedarf es einer christologischen und ekklesiologischen Begründung, die der kanonistischen Ausgestaltung dieses theologischen Rahmens vorherzugehen hat. Hier stellt sich dann die Frage, wie man Kirche als göttliche Stiftung, die ihre Ämter als Ausfluss dieses Stiftungswillens begreift und deshalb die Vollmachten der Hierarchie synodalen Beteiligungen überordnet, mit eher synodalen Kirchenverständnissen im ökumenischen Gespräch zu harmonisieren vermag, wo das Amt, wenn auch sakramental begründet, in der Auswahl nicht dem Bischof, sondern den synodalen Gremien der Kirchen überlassen bleibt.

Entscheidend ist, wie das Bischofsamt hinsichtlich seiner Vollmachten aufzufassen ist. Ist der Bischof Nachfolger der Apostel und kommt ihm nach römisch-katholischem Verständnis die *potestas ordinaria, propria et immediata* in dem ihm anvertrauten Sprengel (vgl. can. 381 § 1 CIC/1983) umfassend für die drei Gewalten zu, oder erstreckt sich diese nur auf eine geistliche Führung, von der die Administration und Kirchenleitung zu unterscheiden ist? Die katholische Kirche verfestigt in einer aus ökumenischer Perspektive nicht freundlichen Art ihre Abgrenzung von anderen ekklesiologischen Konzepten und verweist andere christliche Konfessionen auf die Plätze der *institutiones non gratae.* So entsteht bis zum Zweiten Vatikanischen Konzil verbreitet der Eindruck, dass die institutionelle Begründung des Kirchenrechts mit den Glaubenden und deren Anteil an der Kirchenbildung nicht viel zu tun habe. Sie wird bisweilen heute noch mit dieser Theoriebildung in Verbindung gebracht.[34]

Das Kirchenbild der altkatholischen Kirche unterscheidet sich seit 1872/73 von dem der römisch-katholischen deutlich durch seine synodal-episkopale Struktur und geht insoweit der römisch-katholischen voraus.[35] Letztentscheidend ist nicht das bischöfliche Votum allein. Es hat im Einvernehmen mit dem Votum der Synode zu stehen, die aus in ihren Rechten und Pflichten gleichberechtigten Klerikern und Laien besteht.[36] Diese verfassungsrechtliche Ausrichtung kann – um eine Terminologie des Zweiten Vatikanischen Konzils zu verwenden – als Konsequenz aus der Wiederentdeckung der Communio-Ekklesiologie im 19. Jahrhundert angesehen werden.[37] Die Kirche, in die der Mensch hineingetauft wird, ist die Kirche Christi, die umfassend beschrieben ist als Mysterium des göttlichen Heilswillens in Jesus Christus.[38] Trotz diesem wichtigen verfassungsrechtlichen Unterschied lässt sich nicht erkennen, dass das Kirchenbild der Altkatholiken hinsichtlich der real korporativen Existenz des Grundsakraments Kirche von jenem der römisch-katholischen Kirche abgewichen ist. Schliesslich ging es zur Gründungszeit neben einigen disziplinären Fragen lediglich um die Bewahrung einer nicht infalliblen Leitungstradition. Dass man in diesem Sinne ein katholisches Kirchenverständnis, basierend auf einer synodal-episkopalen Struktur real zu etablieren vermochte, hat die Kanonistik des 19. und des 20. Jahrhunderts, zumindest bis zum Zweiten Vatikanischen Konzil nicht beeinflusst.

Mit den Aufbrüchen, die vor allem das Zweite Vatikanische Konzil in der katholischen Kirche ausgelöst haben, breitet sich

34 Vgl. *Kistner*, Recht 128 f.

35 Insofern unzutreffend die frühe Bilanz von *Conzemius*, Catholicism 442 f.

36 Vgl. *von Arx*, Auftrag 5–49.

37 Vgl. zur zeitgeschichtlichen Einordnung: *Walter/Passaglia*, Communio-Ekklesiologie 165–182.

38 Vgl. Kirche und Kirchengemeinschaft. Bericht der Internationalen Römisch-Katholischen–Altkatholischen Dialogkommission 16.

eine gewisse antijuridische Tendenz aus, deren Ursache sicherlich eine verengte Auslegung des von Johannes XXIII. als pastoral initiiertes Konzil gewesen ist. Das gilt vor allem für die vom Konzil in der dogmatischen Konstitution über die Kirche «Lumen Gentium» vorgelegte Definition von Kirche. Sie hebt an mit der Grundbeschreibung der Kirche als das Volk Gottes, das sich als Communio versammelt und als mystischer Leib Christi darstellt (LG 2 und 3). Aus diesen Bildbegriffen für das korporative Phänomen ergibt sich als verlebendigte Konsequenz:

> «Das heilige und organisch verfasste Wesen dieser priesterlichen Gemeinschaft vollzieht sich sowohl durch die Sakramente wie durch ein tugendhaftes Leben.» (LG 11)

Hier schliesst das Konzil an Thomas von Aquin an, der die Kirche bereits im 13. Jahrhundert als *congregatio fidelium* beschrieben hat.[39] Das bedeutet einerseits, dass die Kirche eine personale Dimension besitzt, die im Personsein ihrer Glieder zum Ausdruck kommt und zugleich eine institutionelle Wirklichkeit abbildet, die in der Hierarchie der Ämter und Einrichtungen, aber auch der kirchlichen Körperschaften zum Ausdruck kommt, denen ebenfalls Rechtspersönlichkeit kraft Gesetzes oder Verleihung eigen ist. Nach dem Verständnis der Konzilsväter ist die Kirche nicht nur eine soziologische Grösse und gesellschaftliche Wirklichkeit, sondern auch eine Heilswirklichkeit, die in ihrer Gesamtverfasstheit das Heil des Menschen und der menschlichen Gemeinschaft bewirkt, das sie anzeigt. Daher spricht die postkonziliare Theologie noch deutlicher als zuvor von der sakramentalen Wirklichkeit der Kirche. Sie ist selbst Sakrament und lebt aus ihren einzelsakramentalen Vollzügen.[40] So trägt die sakramentale Wirklichkeit der Kirche, die ihren Ausdruck in der Feier der Sakramente findet, zur sozialen und institutionellen Wirklichkeit der Kirche bei.[41] Die aus

39 Vgl. S. th. I q. 117, 2, arg. 1.

40 Vgl. *Heinemann*, Kirchenrecht 84 f.

41 Vgl. *Arrieta*, Governance Structure 4 f. Arieta zeigt dies klar und knapp zugleich an der Taufe und der Eucharistie auf. Die Taufe schafft die

diesem Ansatz, bei verkürzter Auslegung, ableitbare antijuridische Tendenz hält sich bis in die Gegenwart.[42] Ein besonders deutliches Beispiel, das zugleich an die Konzeption Rudolph Sohms anknüpft, zeigt sich in dem Vorschlag, das kanonische Recht durch eine Kirchenordnung im Sinne eines rein kirchlichen Verwaltungsrechts zu ersetzen und alles Weitere der Pastoral zu überlassen. In diesem Sinne vertreten die katholischen Anhänger dieser Position,

> «dass es einen Unterschied zwischen eigenberechtigter Gewalt und von Christus empfangener Gewalt in Wirklichkeit nicht geben kann. Keine einzige Funktion oder Befugnis oder Gewalt und kein einziges Recht in dieser Gemeinschaft [sc. der Kirche] ist ‹eigen› und ‹nicht von Christus›.»[43]

Diese postkonziliare Position blieb stets umstritten. Die Mehrheit der Kanonisten ist dieser Theorie ebenso wenig gefolgt wie das kirchliche Lehramt, denn die Anschlussfähigkeit der Position der Enttheologisierung des Kirchenrechts erfordert, dass die Kirche sich selbst nicht mehr als Ganz-Sakrament begreift und sowohl in diesem als auch dem erweiterten Kontext auf eine Definition ihres Sakramentenverständnisses verzichten müsste. Dem stehen die Aussagen des Zweiten Vatikanischen Konzils, die stets die Zusammengehörigkeit von Sakramenten und Institution betonen (LG 48), ebenso entgegen wie die Wesensbeschreibung der Sakramente von can. 840 CIC/1983:

> «Die Sakramente des Neuen Bundes sind von Christus dem Herrn eingesetzt und der Kirche anvertraut; als Handlungen Christi und der Kirche sind sie Zeichen und Mittel, durch die der Glaube ausgedrückt und bestärkt, Gott Verehrung erwiesen und die Heiligung der Menschen bewirkt wird […]»

Kirchengliedschaft. Die Eucharistie ist Kraft und Quelle der communio der Glieder der Kirche.

42 Vgl. *Wernecke*, Urteilsvollstreckung 175.

43 *Huizing*, Die Kirchenordnung 163. Weiterführend: *Vries*, Kirchenrecht.

Die Kirche definiert sich zudem auf dem Zweiten Vatikanischen Konzil, an Gal 6,15 f. anschliessend, als Volk Gottes, das von Christus her durch die Gläubigen konstituiert wird und von Christi Wort und sakramentaler Gegenwart ausgehend lebt.[44] Zu Recht wird in der Literatur darauf verwiesen, dass der kirchliche Gesetzgeber in der begleitenden Konstitution zur Promulgation des CIC/1983 darauf bestanden hat, dass die auf dem Zweiten Vatikanischen Konzil vorgetragene Verfassungsstruktur der katholischen Kirche allgemeine Verbindlichkeit beanspruche.[45]

Von dieser indispensablen Prämisse ausgehend, ist der Blick auf den Erwerb der Mitgliedschaft in der Kirche zu richten und zugleich danach zu fragen, was der Begriff Kirche in can. 849 genauerhin meint. Kann man ihn traditionell interpretieren und mit der katholischen Kirche gleichsetzen? Die Taufe, die *ianua sacramentorum*, stiftet die Zugehörigkeit des Einzelnen zur Kirche, in der er als Subjekt, je nach seiner Stellung, Anteil hat am Sendungsauftrag der Kirche mitzuwirken (can. 849 i. V. m. cann. 96, 204, 205).[46] Die Taufe bewirkt so das individuelle Heil des Menschen, das sich notwendig in der Gemeinschaft der konkreten Kirche (oder kirchlichen Gemeinschaft) verwirklicht, in die der Mensch unwiderruflich hineingetauft wird.[47] Darin liegt der entscheidende Unterschied zu den cann. 87 und 737 CIC/1917. Die Gleichgestaltung mit Christus gliedert den Neugetauften in den *corpus Christi mysticum* ein, *qui subsistit in ecclesia catholica*. Christsein ohne konkrete Zugehörigkeit zu einer auch rechtlich fassbaren und verfassten Gemeinschaft gibt es auch weiterhin nicht. Diese Gemeinschaft kann aber auch – und das ist kanonistisch neu – ausserhalb der rechtlich verfassten katholischen Kirche bestehen. Hinzu kommt, dass das Zweite Vatikanische Konzil das innerkirchliche hierarchische Strukturkonzept, ausgerichtet an den Traditionen der frühen Kirche und hier

44 Vgl. *Ratzinger*, Volk Gottes 97. *Erdő*, Kirche 13.

45 Vgl. *Riedel-Spangenberger*, Vorwort 10.

46 Vgl. *Reinhardt*, Menschenrechte/Christenrechte 96.

47 Vgl. *Lüdicke*, Kommentar zu can. 849; *Hierold*, Taufe und Firmung 807.

insbesondere der dem Bischofsamt immanenten Eigenberechtigung, neu und präziser gefasst und in can. 381 § 1 entsprechend umgesetzt hat.[48] Das Zweite Vatikanische Konzil spricht auch weiterhin in einem institutionellen Sinne von der Kirche als einer *societas*, freilich nicht mehr von einer *societas perfecta*. In LG 8 heisst es:

> «Diese Kirche, in dieser Welt als Gesellschaft [*societas*] verfasst und geordnet, ist verwirklicht [*subsistit*] in der katholischen Kirche [...]»[49]

Diese Passage wird wörtlich in can. 204 § 2 CIC/1983 (= can. 7 § 2 CCEO) zitiert. Andeutungsweise findet sich dieser Gedanke auch in der Apostolischen Konstitution *Sacrae disciplinae leges*, mit der der CIC/1983 promulgiert worden ist:

> «Und der Kodex des kanonischen Rechts wird in der Tat von der Kirche dringend benötigt. Denn weil auch sie nach Art eines sozialen und sichtbaren Gefüges gestaltet ist, braucht sie Normen, Gesetze, damit ihre hierarchische und organische Struktur sichtbar wird [...]»[50]

Ebenso finden wir diesen Gedanken im ersten der zehn Leitprinzipien der Codexreform (hier zitiert nach der Vorrede zum CIC):

48 Vgl. *Pfannkuche*, Papst und Bischofskollegium 100–104.

49 Ebenso UR 3. Das Wort *subsistit* wird von Otto Hermann Pesch allerdings nicht mit «ist verwirklicht», sondern mit der Klausel «hat ihre konkrete Existenzform» übersetzt. Diese Übersetzung beinhaltet noch viel mehr eine Selbstrelativierung der katholischen Kirche, als dies in can. 204 § 2 in der offiziösen deutschen Übersetzung deutlich wird. Die Neuübersetzung von LG unter der Herausgeberschaft von Peter Hünermann wählt mit dem Wort existiert einen vermittelnden Weg zwischen der juridischen und der betont ökumenisch-theologischen Sprache. Vgl. *Pesch*, Lehrverurteilungen 156. *Hünermann/Hilberath*, Kommentar 84.

50 *Johannes Paul II.*, Apostolische Konstitution *Sacrae disciplinae legis* vom 25.1.1983; online unter www.vatican.va/holy_father/john_paul_ii/apost_constitutions/documents/hf_jp-ii_apc_25011983_sacrae-disciplinae-leges_ge.html).

> «Bei der Reform des Rechts muss der rechtliche Charakter des neuen Codex, den die soziale Natur [*natura socialis*] der Kirche erfordert, im vollen Umfang beibehalten werden.»[51]

Diese Übersicht liesse sich durch weitere Normverweise erweitern. Bezeichnungen wie *ius nativum* oder *ius proprium et exclusivum* finden sich an diversen Stellen des CIC/1983 und des ostkirchlichen CCEO.[52] Dabei ist aber zu bemerken, dass diese Reminiszenzen, bis auf wenige Ausnahmen, nicht im verfassungsrechtlichen Kontext erscheinen. Für den Beleg der These, dass die Kirche einen gewandelten, auf seinen wahren Kern zurückgeführten Societas-Gedanken nicht aufgegeben hat, mögen die angeführten Belege genügen. Freilich wird man jener Auffassung zustimmen dürfen, die festhält, dass die Kirche durch die *subsistit*-Formel ihre Exklusivität Kirche Christi zu sein wenigstens relativiert hat,[53] ein Umstand, der für das innerchristliche und interreligiöse Gespräch gerade in einer globalisierenden Welt immer mehr an Bedeutung gewinnt. Vor diesem Hintergrund ist auch die Erklärung Dominus Iesus der Kongregation für die Glaubenslehre zu lesen.[54] In der dortigen Fussnote 56 stellt die Kongregation klar, was *subsistit* nach kurialer Lesart heisst. Sie interpretiert verbindlich, dass es bei der Verwendung dieser Formel um die vollständige Verwirklichung von Kirche nach dem katholischen Glaubensverständnis geht, also um die Realisierung der von Robert Bellarmin formulierten *tria vincula*. Aber auch jenseits dieser Vollständigkeit gibt es je nach dem Grad der Übereinstimmung Kirchen und kirchliche Gemeinschaften. Diese haben in ihrer Autokephalie aufgrund und mit ihrer je eigenen Überlieferung und Tradition unbeschadet des römischen Primates nach der Lehre des Zweiten Vatikanischen Konzils ihre kirchliche Berechtigung (LG 13,3; UR 14). Das bedeutet aus der hier eingeschla-

51 *Praefatio* zu Codex Iuris Canonici, zit. CIC/1983.

52 Vgl. die Einzelnachweise bei: *Müller*, Communio-Ekklesiologie 269 f.

53 Vgl. *Bernard*, Berufung 193.

54 Vgl. *Kongregation für die Glaubenslehre*, Dominus Iesus 742–765.

genen Betrachtungsweise, dass nach katholischem Verständnis die Kirche als eine *realitas complexa* immer nur personal und institutionell verstanden werden kann. Insofern müssen noch so redliche Versuche ökumenischer Kommunikabilität scheitern, die jenseits der kanonistischen Definition von Universalkirche, Teilkirche und Ortskirche nationalkirchliche Konstrukte entwerfen, die es in der Realität innerhalb des Katholizismus tatsächlich nicht (mehr) gibt.[55]

Die Kirche versteht sich als eine *societas sui generis*, die sich weder juristisch noch hermeneutisch in einem soziologischen oder positiv rechtlichen Verständnis umfassend und abschliessend beschreiben lässt.[56] Kirche kann von ihrem Selbstverständnis her nicht nur als eine äussere Wirklichkeit erkannt werden, der das sakramentale Zeichen akzidenziell hinzukäme. Die dogmatischen Schemata zum Ersten Vatikanischen Konzil vermögen zwar die Spannung aufzuzeigen, die Brücke zur *realitas comlexa* jedoch nicht zu schlagen. So bleibt ein hermeneutischer und zugleich verfassungsrechtlicher Zwiespalt, der erst 90 Jahre später überwunden werden kann. Dazu führt das Zweite Vatikanische Konzil den Begriff der Communio ein, der fortan zu einem Schlüsselbegriff der postkonziliaren Ekklesiologie wird.[57] Communio ist seinem wesentlichen Inhalt nach Gemeinschaft im lebendigen Glaubensvollzug, konstitutiv begründet durch die Taufe als Bedingung der Möglichkeit zur *communicatio in corpore Christi*.[58] Bereits der englische Konvertit und spätere Kardinal John Henry Newman († 1890) betonte in diesem Kontext den Vorrang der personalen Entscheidung des Individuums vor jedem institutionellen Element. Mit seiner Akzentsetzung auf die Gewissensentscheidung und den Glaubenssinn (*sensus fidei fide-*

55 Vgl. *Fries/Rahner*, Einigung 57.

56 Vgl. *Granfield*, Aufkommen 460–464.

57 Vgl. Zukunft aus der Kraft des Konzils 33; *Zollitsch*, Was auf uns zukommt 182; *Ratzinger*, Communio – ein Programm 458.

58 Vgl. *Ratzinger*, Volk Gottes 102; *Aymans/Mörsdorf*, Kanonisches Recht. Lehrbuch, Bd. II, 12.

lium) im Gottesvolk[59] wird der Neuakzentuierung der konziliaren Ekkesiologie der Weg bereitet. Es ist zu konstatieren, dass dieser Begriff sowohl vom Konzil als auch von der diesem folgenden Theologie nicht einheitlich, sondern in Bedeutungsvielfalt verwendet worden ist.[60] Das erleichtert nicht gerade die kirchenverfassungsrechtliche Einordnung.

Insofern ist es nicht unangebracht, die Parameter, die schon das IPE zur Beschreibung des Phänomens Kirche herangezogen hat, erneut mit Vorsicht zum Ausgangspunkt zu nehmen und sich von dort dem Phänomen Communio anzunähern. Kirche ist in soziologischer Hinsicht zunächst einmal Gemeinschaft der Glaubenden (*communio fidelium*), ohne dass auf dieser ersten Bedeutungsebene rechtliche Implikationen zur Sprache kommen, die von juristischer und kanonistischer Seite sogleich erwartet werden.[61] Dennoch wird man zu konzedieren haben, dass der Begriff Communio, der im Deutschen soziologisch mit Gemeinschaft und partizipatorisch mit Teilhabe übersetzt wird,[62] in diesen Übersetzungen schon rechtliche Implikationen voraussetzt, ohne die schon die Begriffe sinnlos wären. Dies erläutern nachdrücklich die Nota explicativa praevia 2 zu LG 8,1.[63] Die Kirche ist eine *realitas complexa*, in der menschliche und religiöse Wirklichkeit so miteinander verbunden sind, dass die eine nicht von

59 Vgl. *Rahner/Vorgrimler*, Konzilskompendium 348.

60 Vgl. *Scheffczyk*, Aspekte 69.

61 Vgl. *Riedel-Spangenberger*, Communio 218.

62 Vgl. *Schützeichel*, Gnade 147.

63 Nota explicativa praevia 2: «*Quapropter signanter dicitur, requiri hierarchicam Communionem cum Ecclesiae Capite atque membris. Communio est notio quae in antiqua Ecclesia (sicut etiam hodie praesertim in Oriente) in magno honore habetur. Non intelligitur autem de vago quodam affectu, sed de realitate organica, quae iuridicam formam exigit et simul caritate animatur. Unde Commissio, fere unanimi consensu, scribendum esse statuit: ‹in hierarchica Communione›*.» In: AAS (57) 1964, 73, online unter www.vatican.va/archive/hist_councils/ii_vatican_council/documents/vat-ii_const_19641121_lumen-gentium_lt.html.

der anderen getrennt werden kann, ohne dass das, was Communio umschreiben soll, verloren ginge.

Das Grundanliegen der konziliaren Communio-Theologie besteht darin, die Einheit (in) der ganzen Kirche vor allen hierarchischen Unterschieden zu betonen (LG 2), die die Ausgestaltung der Verfassung nach sich zieht. Einheit bedeutet in diesem Sinne auch nicht Uniformität, sondern Einheit des Bekenntnisses in der Vielfalt der historisch gewachsenen und eigenberechtigten Traditionen der Teilkirchen.[64] Insofern trifft es zu, die Kirche als eine verfassungsrechtliche Institution zu beschreiben, die in ihren Teilkirchen hinsichtlich der Struktur und Disziplin plural verfasst ist. Daher ist es legitim, auch kanonistisch von einem legitimen Pluralismus im Leben und in der Disziplin der Teilkirchen zu sprechen.[65] Das setzt freilich voraus, dass diese Verschiedenheit nach katholischem Verständnis aufgrund des Jurisdiktionsprimates des Papstes (can. 331 CIC/1983, can. 43 CCEO) zuvor vom Apostolischen Stuhl gebilligt ist.[66] Der diese Weitung ermöglichende Leitbegriff ist, wie bereits dargelegt, der des «Volk Gottes», der fortan das Selbstverständnis der Kirche zutreffender umschreibt, als es die überkommene Societas-Lehre mit ihrer kanonistischen Übersetzung in den CIC/1917 zu leisten vermochte.[67] Das spiegelt sich in einem grundlegenden juristischen Systemwechsel vom CIC/1917 zum CIC/1983. Während

64 Vgl. *Rahner/Vorgrimler*, Konzilskompendium 120.

65 Vgl. *Fries/Rahner*, Einigung 59; LG 23; OE 2; *Leo XIII.*, Apostolisches Schreiben Orientalium dignitas vom 30. November 1894, proem., ASS 27 (1894/95) 257–264, 259: «*[…] rei liturgicae disciplinaeque orientalis iure probatam varietatem praeclaro [esse] ornamento Ecclesiae omni et fidei catholicae divinam unitatem.*»

66 Das erscheint in der neuesten päpstlichen Gesetzgebung seinen Widerhall zu finden, wenn den sich anschliessenden anglikanischen Kirchen und Gemeinschaften die Bewahrung ihres Patrimoniums nicht nur in der Liturgie, sondern auch in der Disziplin zugesichert wird. Vgl. *Benedikt XVI.*, Apostolische Konstitution «Anglicanorum coetibus», in: AAS 101 (2009) 985–990, dt.: AKathKR 178 (2009) 550–555.

67 Vgl. dort cann. 1, 12, 1070, 1099 § 2 CIC/1917.

das alte Gesetzbuch vorrangig den Klerus als Adressaten im Blick hatte, entdeckt der Gesetzgeber im CIC/1983 das Volk Gottes, also alle Gläubigen, als Subjekte des Rechts.[68] Kirche als Volk Gottes bezeichnet die in der Gemeinschaft des trinitarischen Gottes bestehende Gemeinschaft der Menschen mit Gott und untereinander.[69] Diese Gemeinschaft versteht die Kirche als sakramental. Insofern ist die Kirche das «Ursakrament» selbst. Daraus wird in der Kanonistik mit der bisherigen Tradition und im Unterschied zur Position Rudolph Sohms[70] und der ihm nachfolgenden protestantischen Kirchenrechtslehre der Schluss gezogen, dass das Recht zum sakramentalen Wesen der Kirche substanziell gehört.[71] Vor diesem Hintergrund erweist sich der Communio-Begriff tatsächlich als mehrschichtig mit zutiefst juristischen Aspekten:[72]

Mit der Taufe tritt der Christ gem. can. 204 CIC/1983 ein in die Gemeinschaft der Gläubigen (*communio fidelium*). In einem ersten Schritt sind dabei die kirchengründenden Aspekte hervorzuheben. Alle Getauften bilden *sensu latior* das Volk Gottes, das sich in weiteren konkreten und rechtlich verfassten Kirchen (*ecclesiae*) und kirchlichen Gemeinschaften (*ecclesialis communitates*) ausdifferenziert (can. 205). Die so begründete Kirchengliedschaft verleiht dem Individuum gemäss can. 849 ein unwiderrufliches Prägemal, das unabhängig von der je eigenen Leb ensgestaltung und religiösen Orientierung niemals verloren geht.

In der Gemeinschaft der Getauften haben die Einzelnen das Recht auf Teilhabe an den Heilsgütern der Kirche, durch die sie selbst wiederum geheiligt werden. Daher sind die Christen in der

68 Vgl. cann. 204–231 CIC/1983 (bes. cann. 208–213 CIC/1983; cann. 11–16 CCEO).

69 Vgl. *Kellner*, Kommunikative Gemeindeleitung 139.

70 Vgl. Anm. 19.

71 Vgl. *Aymans*, Communio 162–163; *Gerosa*, Recht 50; *Hallermann*, Funktion 455 f.

72 Vgl. *Riedel-Spangenberger*, Communio 230–232.

Kirche als *communio sanctorum* zu bezeichnen. Die genaueren Bedingungen zum Empfang der Heilsgüter der Kirche ergeben sich aus den sakramentenrechtlichen Bestimmungen. Für die ökumenischen Fragestellungen ist hier vor allem can. 844 mit seinen fünf Paragrafen von besonderer Bedeutung, der wie durch ein kanonistisches Brennglas die Möglichkeiten und Grenzen der *communicatio in sacris* nach Massgabe des Grades der *communio* mit der katholischen Kirche festhält.

Daher geht es in einem zweiten Schritt um jene Beschreibungen der Communio, die auf ihre äussere und innere rechtliche Verfasstheit hinweisen. Das ist für den Kanonisten ebenso wenig eindeutig möglich wie für die Vertreter anderer theologischer Disziplinen, weil sich das Zweite Vatikanische Konzil nicht für eine eindeutige ökumenische Ausrichtung entschieden hat.[73] Wird von der *communio ecclesiarum* gesprochen, so versteht die katholische Kirche darunter zunächst im engeren Sinn die in Einheit mit Rom als katholische Weltkirche vereinten Ortskirchen des lateinischen Ritus und der orientalischen Riten und Ritusfamilien, unter denen das dreifache Band der Einheit in Lehre, Liturgie und Leitung besteht.[74] Die Gesamtkirche ist in diesem Sinne kein monolithischer Block, kein papalistischer Absolutismus, sondern Einheit in der Vielfalt von Teil- und Ortskirchen der katholischen Kirche. Inwieweit diese *communio ecclesiarum* durch den ökumenischen Dialog eines Tages zu einer Gemeinschaft der Kirchen in einem weiteren Sinne werden kann, bleibt eine grosse Herausforderung für alle Christen, die Papst Johannes Paul II. 30 Jahre nach dem Abschluss des Zweiten Vatikanischen Konzils im Anschluss an den Hl. Augustinus auf die Formel zuspitzte: «Ut unum sint».[75] Vor diesem Hinter-

73 Vgl. *Kehl*, Kirche 423.

74 Vgl. dazu die Kernaussagen in LG 23,1 und Christus Dominus CD 11,1.

75 Vgl. *Johannes Paul II.*, Enzyklika *Ut unum sint* vom 25. Mai 1995: «Ich habe bei jenem Anlass gesagt, dass diejenigen, die an Christus glauben und durch die lange Reihe der Märtyrer miteinander verbunden sind, nicht gespalten bleiben können.» In: AAS 87 (1995) 921–988, Nr. 94.

grund erweist sich der Communio-Begriff als ein Schlüssel zur Erklärung des Zweiten Vatikanischen Konzils über die Religionsfreiheit (Dignitatis humane) und damit zum ökumenischen Gespräch.[76] Weil die Kirche nach katholischem Verständnis eine *communio ecclesiarum* ist, kann sie auch Kirchen und kirchliche Gemeinschaften ausserhalb ihres Vollständigkeitsanspruchs als legitime Gemeinschaften in der Nachfolge Christi anerkennen (LG 8). Vor dem Hintergrund des Verständnisses der vorkonziliaren Lehre und ihrer rechtlichen Disziplin wäre das nicht möglich gewesen.

Zur rechtlichen Verfasstheit der Kirche gehört notwendig ihre hierarchische Struktur, wobei damit noch nicht die Frage der Konkretisierung dieser Strukturen abschliessend beantwortet ist. Das letzte Konzil bezeichnet mit dem Begriff *communio collegialis* die verfassungsrechtliche Verbindung der Bischöfe, die als Hirten ihren Teilkirchen vorstehen und untereinander in der Gemeinschaft des Bischofskollegiums zusammen mit dem Papst, als Haupt und Garant der Einheit, versammelt sind (can. 336). Zwar ist in dieser *communio collegialis* der bischöflichen Amtsträger eine wahre Gleichheit in der Würde des Bischofsamtes zu erkennen. Diese wird jedoch attachiert durch eine von der Frühzeit der Kirche an bestehende hierarchische Gliederung, die sich auf der Ebene der Ortskirche im Verhältnis des Ortsbischofs zu seinen Priestern und Diakonen fortsetzt. Es steht durchaus infrage, ob man diese *communio hierarchica* im Sinne einer juristischen Einheitsekklesiologie interpretieren muss.[77] Manche

76 Vgl. *Listl*, Aufgabe 457 f. Insofern zurückhaltend gegenüber der Zuspitzung von Königsmann, «Vollkommene Gesellschaft» 232–247.

77 So etwa *Kasper*, Kirche als Communio 65. Herbert Vorgrimler sieht in der Beschreibung der Kirche als *communio hierarchica* eine gravierende Fehlentwicklung, die schon auf dem Konzil stattgefunden habe und die ursprünglich angedachte Überwindung von juridischer Uniformität und der ämterrechtlich höchst relevanten Unterscheidung in Laien und Kleriker verdunkelt. Vgl. *Rahner/Vorgrimler*, Konzilskompendium 120. Diese Position ist aber mit Blick auf die Grundoption, dass Kirche Stiftung des Herrn ist, der die in seine

kanonistische Betrachtungsweise legt dies aber auch nach dem Zweiten Vatikanischen Konzil noch nahe. Manche sehen das Hauptargument darin, dass sich die Communio-Ekklesiologie von der Eucharistiefeier her strukturiere und vor diesem Hintergrund die Unterscheidung in Klerus und Laien eine Grundvoraussetzung für das kirchenverfassungsrechtliche Ordnungsmodell bilde, weil jede kirchliche Gewalt von Christus herkomme und in seinem Namen nur von den Trägern des Weiheamtes ausgeübt werden könne.[78] Diese Auffassung ist in der Lehre und Rechtsprechung nicht unumstritten.[79] Es steht infrage, wie sie mit Blick auf die konziliare Lehre vom gemeinsamen Priestertum aller Gläubigen anschlussfähig ist.[80] Eine andere Ansicht stellt aus verfassungsrechtlichem Blickwinkel darauf ab, dass die Gesamtkirche zwar aus den Teilkirchen bestehe, aber doch immer eine hierarchisch strukturierte Gemeinschaft sei, auch weil die Gesamtkirche den Teilkirchen immer ontologisch vorausgehe.[81] Eine das Verfassungsrecht der Kirche sendungstheologisch erschliessende Interpretation bringt dies auf die prägnante und zugleich den konziliaren Ansatz zutreffend beschreibende Formel: «Gleichheit in der Würde, Verschiedenheit in der Sendung»[82]. Die hier nur ganz grob aufscheinende Skizze der hierarchischen Kirchenverfassung weist auf eine in sich strukturierte und vielfältige, häufig auch weitestgehend eigenberechtigte Communio innerhalb der katholischen Kirche hin, die zwar unter dem Vorbehalt des Jurisdiktionsprimates des Papstes steht (can. 331), die dieser jedoch nur zum Wohl aller Kirchen (can. 334: «*bonum omnium ecclesiarum*») durchgreifend ausüben wird. Insofern schadet es nicht, wenn die päpstliche Gewalt

---

Nachfolge berufenen Jünger ausgesandt hat, die dann wiederum durch Gebet und Weihe ihre Sukzessoren erwählt haben, schwerlich kompatibel.

78 Vgl. z. B. *Aymans/Mörsdorf*, Kanonisches Recht. Lehrbuch, Bd. II, 13.

79 Vgl. *Lüdicke*, Kommentar zu can. 1421; *Platen*, Ausübung 297.301 f.

80 Vgl. *Riedel-Spangenberger*, Sendung 82.

81 Vgl. *Bier*, Rechtsstellung 60.68.

82 *Graulich*, Theologie 216.

(*suprema ac plena potestas*) im *casus urgentior* von niemand begrenzt werden kann.[83] So wie das Bischofskollegium das Zeichen der Vielheit in der Katholizität der Kirche repräsentiert, beschreibt die Primatialgewalt die Einheit, die die Bedingung der Möglichkeit der Vielheit in einer Kirche ausmacht, die nicht in einem indifferenten Pluralismus aufgeht.

Die hierarchische Ordnung der katholischen Kirche mit Papst, Bischöfen und dem übrigen Klerus, als den aufgrund ihrer Weihe (can. 129) erstberufenen Trägern von Leitungsvollmacht (*potestas iurisdictionis*), schliesst die Beteiligung von nichtgeweihten Amtsträgern an der Ausübung dieser Leitungsgewalt nicht aus. Das wird erstmalig für ein kirchliches Gesetzbuch im CIC/1983 sowohl allgemein (can. 129 § 2 i. V. m. can. 145) als auch speziell (cann. 517 § 2; 1421 § 2) rechtlich fixiert. Gerade die Communio-Theologie des Zweiten Vatikanischen Konzils und deren durchaus noch optimierbare verfassungsrechtliche Umsetzung im CIC/1983 erweist sich mit Blick auf die Partizipation aller kirchlichen Stände als zukunftsorientiert und für eine postmoderne Gesellschaft anschlussfähig.

Mit Rückblick auf die ekklesiologische Tradition der katholischen Kirche lässt sich feststellen, dass die Lehre des IPE durch die Communio-Theologie eine theologische Füllung erfährt, die es ermöglicht, die traditionelle Kirchenlehre vor dem Hintergrund eines juristisch konsistenten Gesellschaftsmodells in ihrer Besonderheit hinreichend zu erklären. Insofern kann man nicht von einer strikten Ablösung der traditionellen katholischen Verfassungslehre, wohl aber von einer erweiterten und vertieften Interpretation dieser Lehre sprechen.[84] Zweifellos ist es richtig, diese fortan nicht mehr mit den aus der Tradition eindeutig belegten und daher heute zu kurz greifenden Umschreibungen

83 Andere Ansicht: *Bier*, Rechtsstellung 381; Weil Bier can. 334 bei seiner Interpretation nicht berücksichtigt, reduziert er den Diözesanbischof zum päpstlichen Beamten (can. 381). Diese Sicht hält zudem einer wortgetreuen Interpretation des can. 381 (vgl. can. 17) nicht stand.

84 Vgl. *Listl*, Aufgabe 478.

zu benennen. So erscheint es ebenso unzureichend, von der Fortdauer der *societas-perfecta*-Lehre zu sprechen wie sich in der Beschreibung der *realitas complexa* Kirche nur des nach wie vor nicht eindeutig rechtlich zu definierenden Begriffs Communio zu bedienen, denn die Kirche ist und bleibt eine *realitas complexa sui generis* und damit ein immer wieder mit neuen und bewährten Zugängen zu erforschendes Phänomen. Ebenso gewagt müssen Versuche erscheinen, das in sich komplexe Kirchenverständnis einseitig nach einer Komponente hin aufzulösen und der Institutionentheorie eine Tendenz zuzuschreiben, sie würde den Gläubigen und hier vor allem den Laien in eine passive Rolle drängen.[85] Das wäre zweifellos ein *relapsus* hinter das Konzil. Die Ausführungen haben jedoch deutlich werden lassen, dass es so einfach nicht geht. Die Spannung eines personal-institutionellen Kirchenbildes bleibt auch und gerade in einem ökumenischen Dialog auszuhalten, in dem sich die Gesprächspartner in ihrem Suchen und Ringen um Wege zur Einheit gerade auch in den doktrinellen und disziplinären Unterschieden ernst- und annehmen.

Literaturverzeichnis

Acta et Decreta sacrorum Conciliorum recentiorum. Collectio Lacensis. Auctoribus Presbyteris S. J. e Domo B. V. M. sine labe conceptae ad Lacum. Tomus septimus. Acta et Decreta sacrosancti oecumenici Concilii Vaticani. Accedunt permulta alia documenta ad Concilium ejusque historiam spectantia. Cum indicibus generalibus septem voluminum totius collectionis. Freiburg i. Br.: Herder, 1890, 567–571; 576–577.

Arrieta, Juan Ignacio: Governance Structure within the Catholic Church. Montreal, 2000.

85 So *Kistner*, Recht 137.

Arx, Urs von: Der kirchliche und ökumenische Auftrag der Altkatholischen Kirchen der Utrechter Union, in: IKZ 98 (2008) 5–49.

Augsburger Bekenntnis, online unter www.ekd.de/bekenntnisse/augsburger_bekenntnis.html (2.2.2011).

Aymans, Winfied: Art. Communio, in: *Haering, Stephan (Hg.):* Lexikon des Kirchenrechts. Freiburg i. Br.: Herder, 2004, 162–163.

Aymans, Winfried/Gerosa, Libero (Hg.): Antonio María Rouco Varela, Schriften zur Theologie des Kirchenrechts und zur Kirchenverfassung. Paderborn/München/Wien/Zürich: Schöningh, 2000.

Aymans, Winfried/Mörsdorf, Klaus (Hg.): Kanonisches Recht. Lehrbuch aufgrund des Codex Iuris Canonici, Bd. I. Paderborn: Schöningh, 1991.

Aymans, Winfried/Mörsdorf, Klaus (Hg.): Kanonisches Recht, Lehrbuch aufgrund des Codex Iuris Canonici, Bd. II. Paderborn: Schöningh, 1997.

Beer, Adolf (Hg.): Denkschriften des Fürsten Kaunitz, in: AÖG 48 (1872) 1–162.

Beer, Adolf (Hg.): Joseph II., Leopold II. und Kaunitz. Ihr Briefwechsel. Wien: Braumüller, 1873.

Beinert, Wolfgang: Die Sakramentalität der Kirche im theologischen Gespräch, in: *Pfammatter, Josef/Furger, Franz (Hg.):* Kirche und Sakrament (Theologische Berichte IX). Zürich u. a.: Benziger, 1980, 14–30.

Bellarmin, Robert: De controversiis christianae fidei adversus huius temporis haereticos II. De Ecclesia militante III. Neapel: Giuliano, 1857.

Benedikt XVI.: Apostolische Konstitution *Anglicanorum coetibus* über die Errichtung von Personalordinariaten für Anglikaner, die in die volle Gemeinschaft mit der katholischen Kirche eintreten, vom 4.11.2009, in: AAS 101 (2009) 985–990, dt.: AKathKR 178 (2009) 550–555.

Bernard, Felix: Die Berufung zur Kirche, § 14, in: *Listl, Joseph/Schmitz, Heribert (Hg.):* Handbuch des katholischen Kirchenrechts. Regensburg: Pustet, ²1999, 191–199.

Bier, Georg: Die Rechtsstellung des Diözesanbischofs nach dem Codex Iuris Caninici von 1983. (FKRG 32). Würzburg: Echter, 2001.

Bredeck, Michael: Das Zweite Vatikanum als Konzil des Aggiornamento. Hg.: Haslinger, Herbert/Meyer zu Schlochtern, Josef/Müller Christoph G. (Paderborner Theologische Studien 48). Paderborn: Schöningh, 2007.

Busch, Eberhard: Die Barmer Thesen 1934–2004. Göttingen: Vandenhoeck&Ruprecht, 2004.

Cavagnis, Felice: Institutiones Juris Publici Ecclesiastici. Ed. IV. Rom: Lefebvre, 1906.

Conzemius, Victor: Catholicism: Old and Roman, in: Journal of Ecumenical Studies 3 (1967) 426–445.

Corecco, Eugenio: Natura e struttura della «Sacra Potestas» nella dottrina e nel nuovo Codice di diritto canonico, in: Communio 75 (1984) 24–52.

Cyprian von Carthago: Unit. Eccl. 4, in: Bibliothek der Kirchenväter, Bd. 34. München: Kösel/Pustet, 1913, 137.

Czada, Roland: Institutionelle Theorien der Politik, in: *Nohlen, Dieter; Schultze, Rainer-Olaf (Hg.)*: Lexikon der Politik, Bd. I. München: C.H. Beck, 1995, 205–213.

Endres, Johann Nepomuk: De vero et genuino libertatis ecclesiarum Germaniae fundamento. Dissertatio inauguralis. Würzburg: Nitribitt, 25.06.1774 [Wiederabdruck in: Thesaurus iuris ecclesiastici potissimum Germanici. Hg.: Schmidt, Philipp Anton. Bd. 5. Heidelberg u. a., 1776, 558–619. Nachdruck: Nabu 2012]

Erdő, Peter: Die Kirche als rechtlich verfasstes Volk Gottes, in: *Listl, Joseph/Schmitz, Heribert (Hg.):* Handbuch des katholischen Kirchenrechts. Regensburg: Pustet, ²1999, 12–20.

Fries, Heinrich/Rahner, Karl: Einigung der Kirchen – reale Möglichkeit. Freiburg i. Br.: Herder, 1985.

Gerosa, Libero/Müller, Ludger (Hg.): Antonio María Rouco Varela, Eugenio Correcco, Sakrament und Recht – Antinomie in der Kirche. Paderborn: Schöningh, 1998.

Gerosa, Libero: Das Recht der Kirche. Paderborn: Schöningh, 1995.

Granfield, Patrick: The Church as Societas Perfecta in the Schemata of Vatican I, in: ChH 48 (1979) 431–446.

Granfield, Patrick: Aufkommen und Verschwinden des Begriffs «societas perfecta», in: Concilium 18 (1982) 460–464.

Graulich, Markus: Unterwegs zu einer Theologie des Kirchenrechts. Die theologische Grundlegung des Rechts bei Gottlieb Söhngen (1892–1971) und die Konzepte der neueren Kirchenrechtswissenschaft (Kirchen- und Staatskirchenrecht 6). Paderborn: Schöningh, 2006.

Hallermann, Heribert: Die Funktion des Rechts in der Communio, in: AKathKR (166) 1997 453–467.

Heckel, Johannes: Im Irrgarten der Zwei-Reiche-Lehre. 2 Abhandlungen zum Reichs- u. Kirchenbegriff Martin Luthers (Theologische Existenz heute ; N.F. 55). München: Kaiser, 1957.

Heinemann, Heribert: Das Kirchenrecht im Wandel theologischer Fragestellungen, in: *Kaufmann, Gisbert (Hg.):* Tendenzen der katholischen Theologie nach dem Zweiten Vatikanischen Konzil. München: Kösel, 1979, 76–94.

Hierold, Alfred E.: Taufe und Firmung, § 76, in: *Listl, Joseph/Schmitz, Heribert (Hg.):* Handbuch des katholischen Kirchenrechts. Regensburg: Pustet, ^{2}1999, 807–823.

Hünermann, Peter/Hilberath, Bernd Jochen (Hg.): Herders Theologischer Kommentar zum Zweiten Vatikanischen Konzil, Bd. 1. Freiburg i. Br.: Herder, 2009.

Huizing, Pieter: Die Kirchenordnung, in: *Feiner, Johannes/Löhrer, Magnus (Hg.):* Mysterium Salutis. Grundriss heilsgeschichtlicher Dogmatik, Bd. IV: Das Heilsgeschehen in der Gemeinde, Teilbd. 2: Gottes Gnadenhandeln. Einsiedeln: Benziger, 1973, 156–183.

Johannes Paul II.: Apostolische Konstitution *Sacrae disciplinae legis* vom 25. Januar 1983, in: AAS 75/2 (1983) VII–XIV, XII sq.; online unter www.vatican.va/holy_father/john_paul_ii/apost_constitutions/documents/hf_jp-ii_apc_25011983_sacrae-disciplinae-leges_ge.html.

Johannes Paul II.: Enzyklika *Ut unum sint* vom 25. Mai 1995, in: AAS 87 (1995) 921–988, Nr. 94.

Kasper, Walter: Kirche als Communio. Überlegungen zur ekklesiologischen Leitidee des Zweiten Vatikanischen Konzils, in: *Kasper, Walter:* Gesammelte Schriften, Bd. 11. Hg: Augustin, George/Krämer, Klaus. Freiburg i. Br. 2008, 405–425.

Kehl, Medard: Die Kirche, eine katholische Eklesiologie. Würzburg: Echter, 1992.

Kellner, Thomas: Kommunikative Gemeindeleitung. Theologie und Praxis. Mainz: Matthias Grünewald, 1998.

Kirche und Kirchengemeinschaft. Bericht der Internationalen Römisch-Katholischen–Altkatholischen Dialogkommission. Paderborn/Frankfurt a. M.: Bonifatius/Lembeck, 2009.

Kistner, Peter: Das göttliche Recht und die Kirchenverfassung. Der Freiraum für eine Reform (Tübinger Kirchenrechtliche Studien 9). Münster: Lit, 2009.

Kleinschwärzer-Meister, Birgitta: Gnade im Zeichen. Katholische Perspektiven zur Sakramentenlehre in ökumenischer Verständigung auf der Grundlage der Theologie Karl Rahners. Münster: Lit, 2001.

Königsmann, Josef: «Vollkommene Gesellschaft» oder «Religionsfreiheit» als Zentralbegriff einer Lehre über das Verhältnis von Kirche und Staat, in: ÖAKR 19 (1968) 232–247.

Kongregation für die Glaubenslehre: Erklärung *Dominus Iesus* über die Einzigkeit und die Heilsuniversalität Jesu Christi und der Kirche vom 6. August 2000, in: AAS 92 (2000) 742–765.

Läpple, Alfred (Hg.): Kirchengeschichte in Dokumenten. Düsseldorf: Patmos, 1958.

Lehmann, Karl: Zwischen Überlieferung und Erneuerung. Hermeneutische Überlegungen zur Struktur der verschiedenen

Rezeptionsprozesse des Zweiten Vatikanischen Konzils, in: *Autiero, Antonio (Hg.):* Herausforderung Aggiornamento. Zur Rezeption des Zweiten Vatikanischen Konzils (MThA 62). Altenberge: Oros, 2000, 95–110.

Leo XIII: Apostolisches Schreiben *Orientalium dignitas* vom 30. November 1894, proem., in: ASS 27 (1894/95) 257–264.

Listl, Joseph/Schmitz, Heribert (Hg.): Handbuch des katholischen Kirchenrechts (HdbKathKR). Regensburg: Pustet, ²1999.

Listl, Joseph: Aufgabe und Bedeutung der kanonistischen Teildisziplin des Ius Publicum Ecclesiasticum. Die Lehre der katholischen Kirche zum Verhältnis von Kirche und Staat seit dem Zweiten Vatikanischen Konzil, in: *ders.:* Kirche und Staat in der neueren Kirchenrechtswissenschaft. Berlin: Duncker&Humblot, 1978, 455–490.

Lüdicke, Klaus: Kommentar zu can. 849, in: *ders. u. a. (Hg.):* Münsterischer Kommentar zum Codex Iuris Canonici. Essen: Ludgerus, seit 1985 (Loseblatt Stand: 45 Erg.-Lfg. 2010, 849 Rdn. 4).

Lüdicke, Klaus: Kommetar zu can. 1421, in: *ders. u. a. (Hg.):* Münsterischer Kommentar zum Codex Iuris Canonici. Essen: Ludgerus, seit 1985 (Loseblatt Stand: 45. Erg.-Lfg. 2010, vor 1421 Rdn. 2–4).

Marx, Peter: Die Organisations- und Amtsstrukturen der Kirchen. Eine rechtsvergleichende Untersuchung der evangelischen und katholischen Kirche aus Managementperspektive (THEOS Bd. 46). Hamburg: Kovač, 2001.

Merzbacher, Friedrich: Der Kanonist Johann Nepomuk Endres (1730–1791). Leben und Werk eines deutschen Kirchenrechtslehrers vor der Säkularisation, in: AKathKR 139 (1970) 42–68.

Müller, Ludger: Communio-Ekklesiologie und Societas-perfecta-Lehre: zwei Quellen des kirchlichen Verfassungsrechts?, in: *Demel, Sabine/Müller, Ludger (Hg.):* Krönung oder Entwertung des Konzils? Das Verfassungsrecht der katholischen Kirche im Spiegel der Ekklesiologie des Zweiten Vatikanischen Konzils. Trier: Paulinus, 2007, 265–293.

Nota explicativa praevia 2, in: AAS 57 (1964) 73, online unter www.vatican.va/archive/hist_councils/ii_vatican_council/documents/vat-ii_const_19641121_lumen-gentium_lt.html.

Pelikan, Jaroslav/Lehmann, Helmut T. (Hg.): Luther's Works. American Edition. (Bände 1–30) St. Louis: Concordia Publishing House, 1955–1973, (Bände 31–55) Philadelphia: Fortress Press, 1957–1986.

Pesch, Otto Hermann: Die Lehrverurteilungen des 16. Jahrhunderts und die ökumenische Situation der Gegenwart, in: *ders./Fries, Heinrich (Hg.):* Streiten für die eine Kirche. München: Kösel, 1987, 85–176.

Pfannkuche, Sabrina: Papst und Bischofskollegium als Träger höchster Leitungsvollmacht (Kirchen- und Staatskirchenrecht Bd. 12). Paderborn: Schöningh, 2011.

Platen, Peter: Die Ausübung kirchlicher Leitungsgewalt durch Laien. Rechtssystematische Überlegungen aus der Perspektive des «Handelns durch andere» (BzMK 47). Essen: Ludgerus, 2007.

Praefatio/Vorrede, Codex des Kanonischen Rechtes (CIC). Deutsche Ausgabe: Butzon&Bercker Kevelaer, ⁴1994, S. XLI.

Rahner, Karl/Vorgrimler, Herbert (Hg): Kleines Konzilskompendium, Freiburg i. Br.: Herder, ³⁵2008.

Ratzinger, Joseph: Das neue Volk Gottes. Düsseldorf: Patmos, 1970.

Ratzinger, Joseph: Communio – ein Programm, in: IKZ 21 (1992) 454–463.

Reinhardt, Heinrich J. F.: Menschenrechte/Christenrechte in der Kirche, in: *Lange, Günter (Hg.):* Was ist der Mensch? Aktuelle Fragen zur Theologischen Anthropologie (Theologie im Kontakt 1), Bochum: Brockmeyer, 1993, 93–113.

Riedel-Spangenberger, Ilona: Vorwort, in: *dies. (Hg.):* Leitungsstrukturen in der katholischen Kirche. Kirchenrechtliche

Grundlagen und Reformbedarf (QD 198). Freiburg i. Br.: Herder, 2002, 7–22.

Riedel-Spangenberger, Ilona: Sendung in der Kirche. Die Entwicklung des Begriffs «missio canonica» und seine Bedeutung in der kirchlichen Rechtssprache. Paderborn/München/Wien/Zürich: Schöningh, 1991.

Riedel-Spangenberger, Ilona: Die Communio als Strukturprinzip der Kirche und ihre Rezeption im CIC/1983, in: TThZ 97 (1988) 217–238.

Scheffczyk, Leo: Aspekte der Kirche in der Krise. Um die Entscheidung für das authentische Konzil (Quaestiones non disputatae 1). Siegburg: Schmitt, 1993.

Schützeichel, Heribert: Die Gnade des II. Vatikanischen Konzils, in: TThZ 96 (1987) 135–148.

Sohm, Rudolph: Kirchenrecht I. Die geschichtlichen Grundlagen. Leipzig: Duncker, 1892.

Tarquini, Camillo: Juris ecclesiastici publici institutions. Rom, 1862.

Thomas von Aquin: Summa Theologica, DThA Bd. 8. Heidelberg: Kerle, 1951.

Vorgrimler, Herbert: Neues Theologisches Wörterbuch. Freiburg i. Br.: Herder, 2000.

Vries, Jan: Kirchenrecht oder Kirchenordnung? Zum Kirchenrechtsverständnis bei Peter Huizing. St. Ottilien: EOS, 1998.

Walter, Peter/Passaglia, Carlo: Auf dem Weg zur Communio-Ekklesiologie, in: *Neuner, Peter/Wenz, Gunther (Hg.):* Theologen des 19. Jahrhunderts. Eine Einführung. Darmstadt: WBG, 2002, 165–182.

Weiland, Ludwig (Hg.): Monumenta Germaniae Historica. Constitutiones et acta publica imperatorum et regum inde ab a. DCCCCXI usque a. MCXCVII (911–1197). Hannover: Hahn'sche, 1893.

Wernecke, Michael: Die Urteilsvollstreckung im kanonischen Prozessrecht, in: De processibus matrimonialibus 12 (2005) 175–250.

Winter, Jörg: Staatskirchenrecht der Bundesrepublik Deutschland. Köln: Luchterhand, ²2008.

Witte, John: Law and Protestantism. The legal teachings of the Lutheran Reformation. Cambridge: CUP, 2003.

Zollitsch, Robert: Was auf uns zukommt, in: Lebendige Seelsorge 49 (1998) 180–185.

Zukunft aus der Kraft des Konzils. Die ausserordentliche Bischofssynode 1985. Freiburg i. Br.: Herder, 1986.

Autorenverzeichnis

Urs von Arx: Professor Emeritus, Fachbereiche Neues Testament, Homiletik, Geschichte des Altkatholizismus, Departement für Christkatholische Theologie Universität Bern.

Leonhard Hell: Univ.-Prof. für Dogmatik und Ökumenische Theologie an der Katholisch-Theologischen Fakultät der Johannes Gutenberg-Universität Mainz.

Bernd Jochen Hilberath: Professor für Dogmatik und Dogmengeschichte sowie Direktor des Instituts für Ökumenische und Interreligiöse Forschung an der Katholisch-Theologischen Fakultät der Eberhard Karls Universität Tübingen.

Gottfried W. Locher: Dr. theol., Ratspräsident des Schweizerischen Evangelischen Kirchenbundes.

Wolfgang W. Müller: Professor für Dogmatik an der Universität Luzern und Leiter des Ökumenischen Instituts Luzern.

Matthias Pulte: Professor für Kirchenrecht, Seminar für Kirchenrecht, Kirchliche Rechtsgeschichte und Staatskirchenrecht an der Johannes Gutenberg-Universität Mainz.

Harald Rein: Bischof der Christkatholischen Kirche der Schweiz, Privatdozent für Praktische Theologie.

Ernst Christoph Suttner: Professor Emeritus, Katholisch-Theologische Fakultät, Institut für Theologie und Geschichte des christlichen Ostens an der Universität Wien.